大董懂你·大董经营管理50例

Dong Knows

大董 汤明姬 —— 著
谢安冰 —— 主编

电子工业出版社
Publishing House of Electronics Industry
北京·BEIJING

未经许可,不得以任何方式复制或抄袭本书之部分或全部内容。
版权所有,侵权必究。

图书在版编目(CIP)数据

大董懂你:大董经营管理50例/大董,汤明姬著;谢安冰主编.—北京:电子工业出版社,2022.1
ISBN 978-7-121-42561-5

Ⅰ.①大… Ⅱ.①大… ②汤… ③谢… Ⅲ.①饮食业—经营管理—经验—中国 Ⅳ.①F726.93

中国版本图书馆CIP数据核字(2021)第270218号

责任编辑:马洪涛
文字编辑:白　兰
印　　刷:北京雅昌艺术印刷有限公司
装　　订:北京雅昌艺术印刷有限公司
出版发行:电子工业出版社
　　　　　北京市海淀区万寿路173信箱　　邮编:100036
开　　本:787×1092　1/32　印张:7.5　字数:161千字
版　　次:2022年1月第1版
印　　次:2022年1月第1次印刷
定　　价:98.00元

凡所购买电子工业出版社图书有缺损问题,请向购买书店调换。若书店售缺,请与本社发行部联系,联系及邮购电话:(010)88254888,88258888。
质量投诉请发邮件至zlts@phei.com.cn,盗版侵权举报请发邮件至dbqq@phei.com.cn。
本书咨询电邮:bailan@phei.com.cn,咨询电话:(010)68250802。

各美其美
美人之美
美美与共
大董大美

大董经营管理的总体艺术

一、瓦格纳的总体艺术与大董的美食艺术

在大董美食学院的玻璃门上,镌刻有著名乐评人郝舫老师写给大董的一段话:"音乐大师瓦格纳梦想的是总体艺术作品,即在一种艺术中完美地实现每一种艺术;风格派立志把我们的外在环境和生活改造为艺术,也通向总体艺术作品。如果说他们的出发点是听觉和视觉,大董则是第一个从味觉出发的总体艺术梦想家。从美食出发,他不仅致力于提升味觉的层级,更是力图建立统合色彩、构图、影像、诗词、书法、设计、景观、精进工艺、造型艺术乃至美食鉴赏力培育的总体味觉体验艺术,而其结晶不仅体现于菜品,更体现于超越菜品本身的场景与意境,在一种艺术中实现了各种艺术。"

瓦格纳提出的"整体艺术"概念,在很长时间内对当时的艺术家产生了很大的影响。他认为,音乐、舞蹈、绘画、雕塑等艺术,区别只在表现形式上,而在这背后,各门类的艺术逻辑是相通的。就像一本书的各个章节,都围绕着一个主题,烹饪艺术就像一本书,经营管理亦像一本书,如果在其中结合各种不同的艺术门类,形成完美的协同,就会产生1+1远大于

2 的效果，这就是"总体艺术"。

二、美·大董海参店（Gastro Esthetics at DaDong）的后现代主义空间

要经营好企业，就要占领市场，要占领市场，必要紧跟时代步伐。大董开创中国意境菜，从紧跟时代潮流到引领潮流，从东西方美学、禅宗思想、传统与当代、进步与科学的角度出发，到进一步阐释皇家恢弘、国际时尚、高贵典雅、辉煌灿烂的美·大董海参店品牌的"美"文化，我们一直走在时代的前端。

美学的研究对象是事物的虚构面，相对事物的真实面，人类有能力对事物发生虚构想象，从而产生愉悦感，这类感觉诸如高级、自豪、恢宏、壮丽、热恋、失魂、膜拜、神往，等等。举例来说，建筑是用来住的，但又不仅仅是用来住的；食物是用来饱腹的，但又不仅仅是用来饱腹的。当我们凝视某些建筑时，不仅仅停留在居住功能上，还会关心建筑的历史、风格、理念等，由此产生对建筑的某种膜拜。当我们吃某些食物时，不仅仅满足在饱腹层面，还会在意食材的产地、餐厅的字号、烹调的流派、影像的记录等，由此产生和食物的"热恋"。在住好和吃好之外，一旦产生膜拜和热恋，就上升到了美学层面。

美·大董海参店就是这样一个复合空间，设计上注重线条、配色，菜品上采取预约制。在"后疫情"时代，我们采取这样一种方式进行品牌升级，是因为我们看到餐饮界必将迎来巨大

的变革。餐饮品类将更加精细并且垂直划分，小而美，专而精，将成为创新的要点，别出心裁的设计（包括空间、菜品、服务等）将成为为品牌赋能的助燃剂。对顾客来说，这样的设置，消费也将更加有目的和精准化。

三、品牌要满足消费者更深层次的需求

年轻消费群体视野非常开阔，是典型的"互联网原住民"，更为富足（物质丰富度）的成长环境，让他们对高品质物质的饥渴度更高，在精神层面上的需求也更饥渴。他们有更强的判断力、自信心，以及对圈层社交这件事的强烈追求——获得认可，更希望获得他们认可的人的认可。

在产品侧而言，这是一群更难被满足的人。他们追求标识性和个性，需要市场身份的认同。消费是一种表达，所以大董要成为为他们提供身份表达的一种可能。大董的企业文化中有一条原则：全心全意为人民高品质生活服务。我们选择客人，客人也在选择我们，彼此认同是一种双向选择。

经营理念的确立，既要发挥传统精粹，又要时尚创新，才能创造出辨识度高的产品。只有产品站住脚，才可以谈市场营销。

四、总体艺术即性价比

经营管理说到底，就是如何做到最高性价比，这是最艺术的一种表现。经营是赚钱，管理是省钱，一赚一省，利润空间就出来了。大董企业成立这么多年来，就是在这个赚和省之间找到了平衡，反应在产品上，就是我们一直在制造稀缺，为的是寻求最佳性价比。

都说大董贵，为什么贵还排队？就是因为大董产品具有稀缺性、差异化，给我们带来了高性价比。在市场上，你用同样的钱买不到比我更好的东西，虽然大董贵，但按照这个逻辑来看，还是便宜了，消费者都精明。如果做到了这一点，就拥有了绝对竞争力。

CONTENTS

01 市场 MARKETING

稀缺 | 大董到底贵不贵，为什么贵还排队	2
流量 | 做市场，就是不能离开公众视野	6
共情 | 大董懂你：我给你的，正是你想要的	10
闭环 | 成功商业铁三角：营销、经营、管理	16
丰富 | 在大董，总能找到你的菜	20
人情味 | 送给妈妈的一根海参	24
合理 | 三分利吃饱饭，七分利饿死人	28
新鲜感 | 大董的二十四节气时令菜	32
变化 | 处境变了，情怀不变	36

02 出品 DEVELOPMENT

品质 | 人叫人千声不语，货叫人点首自来	42
辨识度 | 大董中国意境菜：中餐烹饪的哲学与表达	46
迭代 | 打造大董"X世代"	56
延续 | 传统不是我的负担，有多轻，就能走多远	60
谈资 | 书皮肉饼：餐厅的痛点，客人的兴奋点	64

物尽其用｜没有用不到，只有想不到：大董办公室的伙食海参　68
发现｜有一种贴心，叫大董酸菜面　72
导向｜人的名片，餐厅的招牌菜　76
前瞻性｜菜品核心理念：健康、美味、个性　80
灵感｜"残卷"是如何来的　84
节奏｜小品菜：掌握了节奏，才会有全局　88

03 品牌 BRANDING

潮流｜小大董2.0：时尚、自由、无拘束的狂想曲　94
文化｜美，就是大董企业的内核　98
人设｜"六单"男人　102
细化｜大董的八个品牌　108
尊重｜要做一家"欺客"的大店——客人可以选择你，你也可以选择客人　112
市场价值｜被模仿，也是一种幸福　116
思考｜我如何定义"匠人精神"　120
表达｜大董美食学院：体验、传递与转化　124
敬畏｜我们不做超级品牌　128
顺应｜Gastro Esthetics——秀色可餐　132

04 员工 MANAGEMENT

见识｜大董：听我的，就对了　138

到位 | 为客人点菜的黄金"四的" 142
内涵 | 一个餐厅经理的自我修养 146
互动 | 菜只有讲才好吃 150
科学 | 未来已来，管理的数据化和科学思维 154
内驱力 | 大董的餐厅经理没有周六 158
个人价值 | 没有 KPI 的企业 162
效率 | 用对工具，加快效率 166
适度服务 | 王世襄先生给我的启示 170
杂家 | 我请客时，要给店长留位置 174
审美 | 每一个大董人都要懂得美 178
第一线 | 经理的办公室在业务台 182
稳定 | 家鸡打得团团转，野鸡不打满天飞 186
理智 | 有感情，但不能感情用事 190

05 客人 HOSPITALITY

体验 | 一杯红酒，让等待充满了期待 196
人心 | 面子这碗饭，最好吃 200
单纯 | 大董的亲人们 204
信赖 | 什么叫"让顾客满意" 208
复购拉新 | 近者悦，远者也要来 212
朋友圈 | 客人要一个一个地维护 216

后记 POSTSCRIPT

后记 | 我为什么不去领米其林奖 222

01

MARKETING

市场

大董到底贵不贵,为什么贵还排队

在回答大董贵不贵这个问题前,要先搞清楚价格与价值的关系。

价格是什么?

在经济学中,价格是一项以货币为表现形式,为商品、服务及资产所订立的价值数字。价格是单位价值(单价),是商品的交换价值在流通过程中所取得的转化形式。说白了,就是这个东西值多少钱卖多少钱。

价值是什么？

价值属于关系范畴，是指客体能够满足主体需要的效益关系，是表示客体的属性和功能与主体需要之间的一种效用、效益或效应关系。

说到底，就是性价比的问题。

那么既然贵，为什么还要排队？不应该是便宜的东西才会排长队吗？这句话的顺序，首先是贵，接着是要排队，那么关键点在哪里呢？

我们先来看"贵"这个问题，从市场对比来说，大董烤鸭店的烤鸭并不是最贵的。当年全聚德、鸭王、九华山等烤鸭店的烤鸭价位，在市场中属于第一梯队，而大董烤鸭店的烤鸭要比这些餐厅平均便宜20块钱。事实上我们只是市场的跟随者，比二流的烤鸭店贵，比一流的便宜。

但这个价格，在大众消费的主观感受里却还是高的。要知道价格从来都是最敏感的存在，对此人们的心理活动是：我能消费贵的，还是只能消费便宜的？这说明了我是谁，我在人群中的位置是什么？大家都期望自己能处在一个阶级高位上，无论精神和物质，都希望自己是富有的。

价格是一种标签，又是一种欲望，这种欲望是原始的，与生俱来的。作为一家让来客觉得身份尊贵的高级餐厅，如果价格定得过于便宜，客人就不愿意来了，因为觉得"跌面儿"，与身份不符。如果价格定得过高，太贵了，客人也不愿意来，因为觉得不值。

既然大董的烤鸭价格贵，那为什么还有客人来？为什么还天天排队呢？

秘密就在上面的那段话，因为我们"值"，因为我们提供了远高于价格的价值，让客人觉得值！价格再高，但当价值高于价格的时候，实际上就是便宜了，这就是价格的价值规律。消费者永远精明，这和贫富无关，不管有钱没钱，人性一定会追寻性价比高的东西。所以当我们为顾客提供高性价比的产品时，他会觉得便宜，也就产生了排队的现象，这是符合市场定律的。

企业经营最根本的目的就是"赚钱"，但这个赚钱，并不是仅仅挣到钱那么简单。作为一个负责任的企业领导人，一定要在经营过程中实现利润最大化，也就是一个产品最大程度地赚钱。利润最大化的背后，代表的是市场对你的产品的认可和企业极强的生存能力。

"经理"这两个字拆解开，就是"经营"和"管理"，经营是为了利润最大化，那管理是什么？常规理解的管理，是要减少费用。经营要赚钱，管理则要省钱。但不要忘了，大钱永远不是省出来的，最智慧的省钱恰恰是制造稀缺性，这是"管理"更深刻的内涵，稀缺性的背后就是不可替代的核心价值。

在经济学中，价值直接影响价格，稀缺性带来差异化，差异化带来高价值，从而正向带动经营收入的增长。经营得好的企业，一定是制造了一种稀缺性，满足了客人的某种需求。

大董的"值"、大董的高性价比，就体现在制造了"稀缺性"上，从而为溢价提供了空间。稀缺性从哪里找？一定要主动找。大董从历史中找，从客户需求中找，从人文中找。市场上并不缺烤鸭，缺的是"低脂少油"的"酥不腻"烤鸭，是健康的烤鸭，是一只既有传统味道，又有时尚气息的烤鸭。就是这一只烤鸭，符合了消费者的心理高位，和市场上传统的烤鸭相比，价值更高，所以相对来说是"便宜"了。会让你觉得即使价格再高，我也值得专程去品尝一下。

所有的制造都是主动制造。比如烤鸭，我们制造的是健康。当物质水平提高后，人类第一个欲望就是健康长寿，这是本能。在2000年左右，健康和食品安全成为餐饮行业的消费新赛道，大家开始关注起自己的"吃"，少油少盐是最先被放在餐桌上的要求，所以我们顺应时势，研发出低脂少油的烤鸭，一经推出，就受到食客的欢迎和追捧，迭代到2021年，已经是5.0的版本。这就是人无我有，人有我精，人精我还有"黑科技"的稀缺性，这也是大董餐厅虽然贵，却还要排队的原因。

做市场，就是不能离开公众视野

很多人会纳闷大董为啥没事就请客吃饭？一年四季，店里流水席不断，天天请客，这是为什么呢？

请客吃饭，实际上就是要保持热度。做品牌、做市场不能离开公众视线，品牌的积累要靠传播，需要一直有流量。我们要经常出现在消费者的视线中，才会逐渐"长"在消费者的心中，请客吃饭是市场推广的一部分。就像两个人谈恋爱，你不主动去追，对方不会理你，要是分居两地，一年半载不联系，恐怕也快走到终点了，是亲戚，也要走得勤。

时刻活跃在公众视线里，这一点无论哪个行业都一样，尤其在演艺圈更明显。演员需要增加曝光度来维持自身的热度和知名度，只有这样，才能循环吸引更多的粉丝，提高市场价值。增加粉丝就等同于增加收入，也就是多赚钱，获得收益，这就是市场营销。

一般来说，一个人要找餐厅吃饭，首先一定会在自己知道的餐厅里挑选，其次会在一些媒体平台上见过的餐厅中选择。为什么不是其他餐厅呢？因为他压根儿不知道那些餐厅的存在。

餐厅不为人所知，无非两个原因：第一，自身没有做宣传；第二，公众没有说，没有口碑。两者彼此关联。自身不宣传，就是自己不主动与市场互动。至于没有口碑的原因有很多，可能是没有好吃的招牌菜，没有好的服务，或者没有好的环境，食客不愿意为你做传播，这样的餐厅如果还没有没落，那也离没落不远了。

所以，想让客人来吃饭，就要努力"刷存在感"，就要获取流量。怎样才能让别人知道你？最重要的当然得靠好产品，亦即好吃的菜。

在企业的经营道路上，我们一开始就明确了要靠打造著名品牌来赢得口碑，围绕"名人，名店，名菜"三个核心理念，来打造美誉度。成为著名品牌，就和成为明星一样，赢得客人的信任和追捧，最终会为企业带来极大的流量以及较高的溢价能力。

　　想让客人对品牌产生依赖，那就要回到一开始时说的，在产品优质的前提下，不断地让品牌在客人面前曝光，让品牌成为他需要时的第一选择。比起渔翁撒网式的广告投放，这是最直接也是最有主动权的。大董会周期性地请客人们来品尝新菜，让消费者了解我们的最新动态，这一顿饭的确是花了成本，但是却不能仅仅看成是一笔支出，这个过程同时包含了推广、营销、客服和公关等功能，这是隐形广告。比如客人日后在自己需要宴请的时候，自然就会第一个想起大董，因为他知道大董有这个能力，能满足他的需求。要相信请客吃饭一定会带来转化，带来更多的生意，好口碑叠加，流量递增。

　　为了增加客人对品牌的认知，我们开创了二十四节气品鉴宴会，一年办二十四场，也就是每个月办两场，这是相当高的请客频率，一方面为的是提高曝光度，另一方面也是大董品牌定期的产品发布，最终达到增加客人黏性的目的。

　　那么，请客该请谁来呢？

　　大董请客，就请两类人：

　　第一类：行业中有话语权的人，即 KOL（Key Opinion Leader）。

　　第二类：有消费能力的人，即 KOC（Key Opinion Consumer）。

有话语权的人,可以影响大众,大众相信他,这就是口碑宣传;有消费能力的人,能消费的人,一定是和金钱有关联的人,也会影响他的朋友来大董餐厅消费,使餐厅产生利润。

比如徐小平老师,他是既有话语权,也有消费能力的人,也是我们大董餐厅的常客。当我的餐厅经理们和我说,这周徐老师来了好几次的时候,我就会邀请他再来大董美食学院,品尝近期推出的新菜和一些在设计中还没有登上菜单的菜,让他提些建议,也让他看到我们餐厅的发展,为他下一次用餐和宴请提供一些灵感。

所以说,请客吃饭既是终点,也是原点,这也是为什么大董品牌这么多年生生不息,具有极强市场竞争力的原因。

大董懂你：我给你的，正是你想要的

如果只用一句话来概括大董的营销，那就是：永远不要离开公众视野。这是大董二十多年来经营体会中最核心的一个原则。拥有不离开公众视野的基础，便是大董持续的创新力、共情力以及制造稀缺性这三个能力。

有关营销的课程非常多，百家争鸣，各放异彩。大董从一个名厨起步，发展成一个餐饮品牌，再到开创并发展了大董中国意境菜的体系，我们在营销方面，紧紧扎根于营销＋管理＋经营这个完整的组合系统，这是被市场反复验证而得出的大董营销方法。

很多人认为营销不就是讲故事嘛，我也确实在某些管理营销课上听老师说营销就是讲故事，目的就是要制造话题，这就会给学生留下一种印象：只要一说到营销，就是讲故事。讲故事这件事，从概念出发并没有毛病，但深层次地去理解，讲一个动听的故事背后一定要有好产品做支持，一定要有真情实感。这个"故事"，不能脱离管理和产品而单独存在，否则就是个假故事，就是在骗人。

我之前提到过，一家成功的企业，必定是创造了一种稀缺性，满足了客人的某种需求。产品本身是为客人需要而存在的，不是为了自我感觉良好去生产、卖弄。

用大董的"酥不腻"烤鸭来举例，从几十年前的 1.0 版本迭代到如今的 5.0 版本，就是一步步跟随时代和客人的需求而进化的。最初的烤鸭外脆里嫩，饱含油脂，是 20 世纪 70 年代物质匮乏下的美味。到 20 世纪 90 年代，人民生活水平提高，人们对肥鸭子已经失去兴趣，于是我们就想如何把烤鸭的油脂降低，经过科学地调整烤制时间和技术，我们成功将烤鸭的脂肪量从 43% 下降到 15.22%，从此有了大董的招牌——"酥不腻"烤鸭。

紧接着的 3.0 版本，是在大鸭子的基础上，增加了 22 天的小雏鸭，目的是让食客有更多的选择。之后是经过调味的 4.0 版本"酥不腻香茅草小雏鸭"，省去了蘸酱、大葱等佐料，直接就能吃，皮酥脆、肉水嫩的效果再一次获得客人的好评。到 2021 年推出的 5.0 版，是在"酥不腻"烤鸭的基础上，使鸭肉饱含更丰盈的汁水，肉质更加细腻柔嫩。

为了提供能满足客人需求的产品，为了一直能跟上客人的成长，我们的团队日日夜夜实践，对菜品精益求精。这样做的结果，就是出现了在烤鸭同行都在降价的时候，大董能做到大鸭子不降价，且小鸭子与大鸭子同一价格，还供不应求的局面。

除了烤鸭以外，大董的红花汁系列菜品、董氏烧海参，都是紧紧围绕客人的需求而研发的。红花汁系列是从原来的黄焖系列发展而来，差异就是舍弃了脂肪含量极高的鸡油，用更健康的红花汁取而代之，既保持了一如既往的亮黄色泽，口味上又迎合了现代食客对菜品少油少盐的诉求。董氏烧海参，在海参的价格和规格上做了设置，价格从 298 元、318 元、368 元、418 元到 598 元，规格有例、中、大盘，还有伙食海参，顾客可以根据自身的需求来选择，入味透彻、口感软糯、葱香浓郁。

这样的例子不胜枚举，不断推陈出新，最后延伸出四季品鉴会、二十四节气品鉴会。一定先有产品的创新，再到营销的渗透，才能与客户产生共鸣，情感上才能叠加。所以说大董的市场营销，绝非空洞乏味，而是有强大的产品力在背后支撑。

2020 年 8 月，我写了一篇文章《海棠又红了，院子要拆了》，网络点击量和转载率非常高，这就是真诚的共情，让大众与大董心灵相通。

我坚持写《一日一菜》专栏,共写了1000篇美食文章,讲了1000个美食故事,吸引了很多关注。当市场营销(你的故事)和客户产生真实共鸣的时候,就能通过舆情反哺管理和经营。

海棠又红了,院子要拆了

大董工体店院子里的海棠,从建院时栽下,如今已经有六年了。种下的当年就开始结果,可惹人爱了。2020年立秋,它结的果已经开始着红色了。

院子马上就要拆除了,我想起那几棵海棠,就去看了看它们。海棠果是素白色的,向阳的那面有了"海棠红"。树上一串串的海棠,在风中摇曳着,似乎在向我点头、问好。看着它们,心里可亲切了,也有一些舍不得。

北京人特别爱在院子里种海棠树。中南海周总理的西花厅院子里,种的是"西府海棠"。我对海棠的喜爱,全因李清照的那首词,"昨夜风疏雨骤,浓睡不消残酒。试问卷帘人,却道海棠依旧,知否,知否?应是绿肥红瘦。"你看,风疏雨骤,花叶飘零,海棠果依旧在枝条上亭亭玉立。要说海棠果是娇小的,在大风大雨里不堪一击,可经过这样一个夜晚,却怡然自得,确实令人佩服,也更加让人怜爱。

这棵树真是奇迹,六年前种下的时候,像瘦弱的小丫头,转眼六年后已经是风华正茂,硕果累累。去年结的果太多了,以至于把小腿粗细的枝干都压得劈了叉,不得不忍痛锯去……

大董工体店也像这几棵海棠树,六年来不断发展,得到客人的喜爱。有多少客人在这里相识,成为大董的好朋友。这里成了朋友们"打卡"的地方,成了大家流连忘返的处所。我们在这里认识了一对朋友,这两口子从工体店开业时就在这里搞对象,时不时的手拉着手就来了,选个两人台,面对面坐着,喝杯红酒,吃根海参,再要半只烤鸭,卿卿我我地悄声说话。后来,他们的婚礼就是在工体店举办的,不是那么宏大,却唯美精致。再后来他们生了孩子,又在这里办的满月宴。这两口子现在还经常来,还是手牵着手来。这对夫妇,女生叫林林,男生叫田宇红。

对了,还有一对夫妇,就是著名画家刘小东和喻红夫妇,家住国家大剧院附近,却能溜达着来工体店院子里,喝喝红酒,点几个菜。然后,再溜达着回家去。

我总想把工体店做得更好,让它春有百花秋有月,夏有凉风冬有雪。北京的天气却不随人愿。春天太短,冬天的寒冷刚过去,刚能搬把椅子坐出来,杨树毛子就飘出来了,杨树毛子刚没了,夏天一下子就热起来了。秋天想着明月高照,坐在室外,有一袭凉风,对酒当歌,那是多么惬意的事啊!有一次我在院子里等朋友来,刚待一会儿就觉得胳膊被叮了,一看,七八只大花蚊子吃成鼓鼓的肚子,飞不起来,用手一抹一手血,秋天北京蚊子多啊!有一年圣诞节,盼着下雪,天气预报说没有雪,为了营造一个大雪纷飞的氛围,我们租了滑雪场两台造雪机,足足喷了两宿，院子里铺了厚厚的一层雪，有的客人不解，说怎么这雪都下在这个院子里了。

这几年，大董工体店得到社会的认可，获得了黑珍珠餐厅指南 2020 年北京唯一"黑珍珠餐厅三钻"、携程美食林北京唯一"三星"，当然还有米其林指南一星。

提到大董获得米其林一星，我是不好意思的，凭借这样美好的景观和我们的用心，要是能获得三星该多好啊！它的美中不足就是太大了。店面大了，就不精致了，服务必有洒汤漏水，有不如意的地方，这是让我多么羞愧的事啊。本来我想，今年可以再努努力，加强服务，再上一个台阶，可是它就要被拆除了，没有机会了，真是一个遗憾啊！

人有悲欢离合，月有阴晴圆缺，此事古难全。本来，大董工体店就是历史给大董的一个机遇，在这里，大董的员工努力了，尽力了，他们在这个台阶上做到了最好。这六年，从这里走出了很多人才，有的走向了社会，有的成为了大董企业的栋梁。这都是大董工体店的骄傲。

这棵海棠树我给它找了个好地方，让它回到了原来的地方。在那里有更广阔的空间，它一定会结更多的果，生长得更粗壮。

成功商业铁三角：营销、经营、管理

营销到底是什么？营销课程汗牛充栋，对"营销"这两个字，每个行业都有具体的诠释。对营销我有自己的体会，要讲营销，就一定要先把营销和经营、管理之间的关系弄明白。某些老师说营销就是讲故事，给很多人留下了我们要不断制造话题、要讲故事的概念，其实营销并不是这样的。

经营的目的当然是"攫取利润最大化"。当经理、当一个企业的领导人，我们要懂经营。做生意是干嘛的？就是能挣到的钱，要一分都不落下，攫取利润最大化。"经理"这个词，拆分后就是"经营"和"管理",经营就是攫取利润最大化,市场营销是制造稀缺,与客户关系是博弈。管理的潜台词是要减少费用,降低成本(这只是将管理简单概括后的部分内容)。经营是挣钱,管理是省钱,但经营市场实际上更深刻的内涵是制造稀缺。做得好的企业一定是制造了一种稀缺,制造了客人的需求。

社会上流行两个词,一个叫"同质化",另一个叫"差异化"。就比如你有黄焖鸡,我也有黄焖鸡;你有鲈鱼,我也有鲈鱼,这就是同质化。而差异化是什么?就是要跟别人不一样。

差异化的实质是稀缺,只有稀缺才具有高价值。所以经营和管理之间的矛盾点,就是性价比的问题。东西要好,但价格又要相对低,这是管理的一个终极目标。只有性价比高才能赢得回头客,才能赢得客人的忠诚度。

从1978年到2021年,这43年恰逢国门打开,时代巨变,餐饮行业的时机正好都被大董赶上了。二十年前北京东三环这片区域,当年的餐饮先辈都已经变成了"先烈"。这些餐饮企业为什么都倒下了呢?原因不只一个,有市场政策的影响,也有过度追求资本化的原因,我们眼看着资本市场控制了一些餐饮集团从辉煌走向崩溃,比如湘鄂情。

另一个原因,也是最根本的原因,就是市场同质化,你有,我也有。当我们在市场上被同质化了,企业就有被市场淹没的危险。所以大董这么多年一直保持:第一,不离开公众视野,第二，制造稀缺，与别人形成差异。

不离开公众视野，这一点很有意思。如今的市场营销已经到了以网络营销为主要方式的自媒体时代。我曾经在网上跟人家叫板，叫板的结果是什么呢？就是制造了很多差评，被很多"水军"臭骂了一顿，有时候转发量也挺大的。我跟别人叫板过两次，都是喝多的时候，夜里 3 点多钟在网上跟网友争论，转发量超过上千万，惨不忍睹，我还记得当时谁骂过我，我骂过谁。不管是点赞还是吐槽或被骂，都是流量，当然这并不精明。流量确实很重要，但我们需要的是正能量的流量，不是负能量的流量。

市场营销中一定要有经营和管理的概念，不是光讲故事，而是要和你的接受者产生一种共情。共情是心灵的共鸣、是情感的互通。差异化有了情感的共鸣，营销就有了话题，让生产者和消费者之间有了感情重叠，通过市场引起共鸣，从而获得利润。至此，营销、经营、管理，三者之间也形成了闭环。

不管是从事市场营销的人员，还是在一线直接面对客人的客户经理，这三者之间的关系一定要搞清楚，不要一说到营销就认为是讲故事。如果你讲了一个被割裂的故事，那就没有可信度了，客人远比你想象的有逻辑，或者说有常识。

在大董,总能找到你的菜

菜单的设计和编排其实代表了餐厅经营的风格和方法。有些餐饮老板想要把最好的食材都放到餐厅里,做顶级的料理;有些人就想做家常菜,还有些人会先考虑自己面对什么样的客群再去设计什么样的菜。

事实上菜单设计是一种技巧,要服务好你的客户人群不是件容易的事。来大董餐厅吃饭的客户群体大约分为大众自我消费和商务宴请两种,实际上这已经覆盖了大部分人群。两者的不同在于大众消费一般在散台,偶尔有家庭或朋友的聚会在包房,而商务宴请则多选在包房,那么我们的菜单结构,就要众口可调。大董餐厅的目标就是做到让所有的人都可以来消费,在大董的菜单里找到自己需要的菜。每天散台客人络绎不绝,就说明了大众对大董菜单的认可。

这一切需要经营者先找到自己产品线的逻辑,再进行思考和规划,亦即菜单的设计编排。设计得太高端,会显得曲高和寡,只有最具消费力的人群才会来,这就会失去基数最大的大众群体;设计得过于低端,又会让商务宴请的人群觉得不及规格。两者之间需要平衡,经过市场的反复测试,我们找到了适合大董餐厅的黄金比例:70% 商务宴请,30% 大众消费。

有了整体的规划,菜品的风格和价格就可以按照这个思路去设计,即可满足不同维度的需求。对大众消费来说,大董餐厅的价格应该是在他们消费区间的上层,所以通常家庭聚会或者特别有意义的一天,比如生日宴、寿宴等会选在大董,有仪式感和品质感。一只烤鸭搭配几道菜,人均 500 元的消费标准,对家庭经济来说,隔一段时间来消费一次,提升体验之余并不会造成什么负担。商务宴请人均 1000 元以上,在这个价格区间,可以吃到海参、鲍鱼、帝王蟹等珍贵食材,那么大董餐厅的出品,就会让一餐饭的体验多了附加值,帮助提高商务洽谈的成功率。

菜单需要做到合理,才会让客人有信任度。大董餐厅的菜单中有 200 多道菜,包含了你能想到的和想不到的小菜、高级菜品甚至全鸭主题宴和海鲜宴。菜单的品类要足够丰富,同时也要科学地安排,客人就会获得选择的自由,吃得高兴,体验到高性价比，商家也获取到了应有的利润。

要让客人吃得高兴，就要提供他想要的菜，要根据客人的预算为他尽可能多地提供可选择的菜品。比如海参，大董餐厅会按照规格大小，分为 298 元 / 位、318 元 / 位、418 元 / 位、598 元 / 位。如果是商务宴请，预算高，可以点 598 元 / 位的，如果预算只有人均 600 元，那就可以点 298 元 / 位的。海参的分级分类，就是出于这样的考虑，丰俭由人。不是商务宴请，不想吃高价位的海参，就可以点大份又实惠的伙食海参，给自己加个好菜。

比如鲍鱼，若预算充足，就可以点干鲍，如果没有高预算，鲍鱼也有 200 元 / 位的，那就是鲜鲍。不是商务宴请，不是资深的食客，他不会在意今天吃的是干鲍还是鲜鲍，大家会觉得我去了大董餐厅，吃了海参、鲍鱼，又吃了烤鸭，算下来也不贵。如果可以，还可以加一道过桥东星斑或鲜花椒呛象拔蚌，足够的选择余地构成了客人美好的整体体验。

例份和大份也是同样的道理。人少就点例份，人多可以点中份或大份。试想如果菜单里海参只有一种大份的，那我们就会失去一大部分客人。比如今天吃饭的预算不多，但菜单里却只有高价位的菜，最终就会把客人排除在外，逐渐流失。

尽管我们一直站在用户的角度去设计菜单，但另一方面，我们也得考虑自身的利润。菜品的价格是个双刃剑，高成本低毛利率，低成本高毛利率。你看一些菜品的价格好像不高，但是毛利率很高。一些海鲜类的菜，你看着很贵，但其实成本也很高，毛利率甚至都比不上一盘炒蔬菜。

因此，我们在宴会上给客人安排菜单的时候，会培训经理，做到既让客人满意，自己也要有钱赚。要有价格高、毛利率低的菜，也要有单价低，但毛利率高的菜来做一下平衡。客人看着合理，我们也赚到了该赚的钱。

如果一家餐厅菜品定价太低，就会限制自身的发展，大众对你的印象就停留在你只是做家常菜的餐厅。但如果一味都是贵价菜而没有大众菜品，就会流失很多散台客人。所以大董从一开始就有意识地去平衡商务和大众的消费，找到盈亏的平衡点，这和合理的菜单设计是分不开的。

送给妈妈的一根海参

世间长久的商业关系，都是历尽时间沉淀后，跨越买卖的关系，通俗来说，就是"人情味"。有人情味的企业，才能基业长青。大董就拥有很多这样的老客人。这样的客人，在情感上已经不是一手交钱一手交货的关系。

餐饮是一个需要每天与客人打交道的行业，开门做生意，来的都是客，餐桌上喜怒哀乐，上演着很多令人深思的故事，大董餐厅自然也不例外。当初在北京团结湖，大董还叫北京烤鸭店的时候，就有一家三口经常光顾，女儿刚刚参加工作，父母非常年轻，每逢节假日，都会来餐厅吃饭。这是第一代大董的忠实客户。

节节来年年来，就变得熟络，交流互动就多了起来。时间渐过，就变成了女儿带着父母来。那时候我刚刚研发出"董氏烧海参"，还没有全面推广，当时赶上过年，又是熟客，我就给他们每人赠送了一位董氏烧海参，女孩感动得眼泛泪光。

餐厅与客人关系的升华，往往不是因为赠送了什么，而是向对方传递的真诚被接收到，并得到回应，从而形成了良性循环。后来得知那位客人之所以受到触动，还因为当时她的母亲正处于患病时期，我们送上营养丰富的海参，触动了客人心中最柔软的点。

客人到大董来，我们都会尽可能地为他们创造更好的用餐体验，无关消费高低。像这一家人其实每次消费都不算太高，可大董的服务使他们感受到被关注、被尊重，生日时会赠送寿面、唱生日歌，平日来会分享新菜尝鲜，与顾客的关系就在这些细节上得到了维护，像朋友一样。

那家人在女孩母亲故去后，也一直保持着逢年过节来大董就餐的家庭传统，可见餐厅与客人的关系并不单纯是买卖关系，还有一份情谊。

客人如一面镜子，会向我们反馈细致、贴心服务的成效。点滴细节，经过时间沉淀，在客人心中发生质变，从而形成对品牌的忠实度。

有关与客人的"感情用事"有很多。有一次，一位著名的话剧导演想在演出后到大董做 50 人的团建，问题是晚上演出结束后，要凌晨才能到店。这对一家 22:30 闭店的餐厅来说多少会有些为难，我们完全有理由不承接。可导演是大董餐厅的常客，非常喜爱和支持大董品牌，考虑到这一点，我们承接了，最重要的是，晚上 12 点，如果大董餐厅拒绝了，他们就没有地方可去了，不可能存在第二家半夜还愿意为你服务的餐厅。

我们在对方的预算基础上，做了更进一步的优惠，为的是让客人能体验到更多大董招牌菜。当晚，品鉴活动非常成功，客人吃得开心，大董品牌也获得了良好的推广效应。像这样在顾客的需求之下不断寻求双赢的状态，正是大董一贯的经营理念。

做餐饮，很多时候要把对待顾客看成合作而不是单纯的销售，尤其当顾客不断重复来一家餐厅就餐，这说明除了菜品的高品质以外，背后还包含着感情和信赖。这一切不是来自大董对客人的刻意讨好，而是几十年如一日对每一位客人发自内心尊重的结果。

市

场

三分利吃饱饭,七分利饿死人

定价,是极其讲究合理性的行为艺术。俗话说"三分利吃饱饭,七分利饿死人",说的就是一个薄利多销的概念,亦即劝说人们爱财亦要取之有道。什么意思呢?中国人的智慧体现往往寓意深刻,说白了就是不要见利忘义。真正的利,应该是利他,让别人得到利益,"三分利"才会有长久发展的可能。"七分利饿死人",就是只顾着眼前一下子赚足了,让别人无路可走,无法可持续,那么市场只会越做越窄。

铺垫了这么多,其实想表达的是,餐饮的定价是一门真正的艺术，它不是只供人欣赏，而是蕴含着餐厅能活下去的智慧，其中关乎太多现实与心理的关系，同时也绕不开人性。

一说到定价，不仅关乎餐厅利益，也涉及客人利益。在这个层面上，无论何时何地，餐厅与客人都处于博弈状态，无论菜单上是什么菜，客人都会以他经验里的最低估值来审视你。所以大董强调，一定要以做到高附加值的体验为最终目标，从环境、产品到服务，每个细节都要让客人感到超值。只有体验到没体验过的，永远有新鲜感和惊喜，客人才愿意为此买单，餐厅才能获得定价的话语权，实际上是看你的产品是否具有高性价比。

判断定价是否合理，其中还有很多顾客体验等非理性的复杂元素。对客人来说，价值超过价格越多越好，对餐厅来说，价值越高成本也就越高。所以，定价的理想状态就在于如何将价值与价格趋于等同。

就拿大董招牌的海参作例，通常成本率是30%，毛利率是70%，毛利率中还要扣掉各种经营成本，这是一个正常售价，净利润在一个合理范围内。当菜品的呈现和口味超出客人期待，价值就被体现出来。

当然，经营的最终目的一定是攫取利润最大化，我们是否可以再定高一点价格，这样净利润也会更高。不是不可以，但是一定要清醒地认识到，做生意不是靠获得一单的利润，而是靠复购率。定价高了，可能卖出一单挣得很多，但是却不持久。

定价没那么高，卖出一单挣不了很多，但是一直有回头客，或者说一直在产生新的销售，那么在一个经营周期内，谁挣得更多，便是一目了然的事。

　　这就是"利润叠加"概念，不要看短线，目光放长远，积少成多。可见，餐饮的定价前提，就是让顾客满意，实现顾客不断再来的目标，才能利润叠加。定价的微妙，就在于实现"利润最大化"的同时，又能保证客人"满意度最大化"，找到了其中的平衡点，就找到了合理定价的逻辑。

　　大董的定价原则，会灵活地根据市场反馈做调整，在不同的阶段，对不同的产品会采取不同的定价策略。一方面通过低毛利率的产品实现重复高频的购买率，薄利多销，提高了消费频次；另一方面，制造稀缺，大董中国意境菜就为定价注入了更多附加值，拥有稀缺就拥有了定价的话语权。

　　大董餐厅一直走在探寻合理定价的路上，以最高性价比为导向，在品质、成本和客人心理间寻求极致平衡。

市场

大董的二十四节气时令菜

"不时不食"是中国人在饮食上的讲究,也是传统文化反映在饮食上的逻辑。中国地大物博,每个地方都有独特的食材风味,循着季节变化更迭出产。大董率先提出的"四季时令菜品",就是复刻传统,经典轮回,在传统中创造大雅。在每个季节不同节气,大董团队会到各地去寻找应季的原产地食材,这是我们认为好餐厅应有的表现。

比如大董餐厅的狮子头,就有四季不同的版本,春天是春笋狮子头,夏天吃河蚌狮子头,秋天蟹粉狮子头,冬天风鸡狮子头。一年四季，同一款菜品，用不同的应季风物来演绎。

大董菜单上有很多随时令变化的菜品，"春初早韭"，我们用来做春韭象拔蚌，特别春天；夏天蒲菜一上市，就推出奶汤蒲菜；秋天有用怀柔板栗做成的有颗粒感的栗子糕、红花汁栗子烧白菜，还有意大利的黑松露、白松露；冬天时客人就可以选择涮帝王蟹火锅、烟熏牛肉火锅。打破地缘边界，全世界的时令食材都为大董所用，希望客人能以东方独有的饮食视角，去体验全球优质食材。

四季时令菜品的推出，基于两方面考量：一方面是产品上的研发与创新，另一方面体现在市场推广上，加深 VIP 客户的黏性。我们每个节气都有面对大客户的答谢品鉴会，宴会主题紧密结合时令，新菜品的不断呈现使客人常吃常新。同时，大董除了大菜单外，还会有不同季节的节气小菜单，这样设计，客人不至于审美疲劳。

大董做了十多年的四季时令菜品后，市场上也掀起了一股餐厅季节品鉴会的风潮。对经济学有了解的人，都知道科斯定律——谁用得好就归谁。在举办四季品鉴会方面，大董一直被模仿，从未被超越。为什么从未被超越呢？因为我们在四季品鉴会的基础上又紧接着推出了二十四节气品鉴发布。相比四季品鉴，二十四节气品鉴的创意，成为很多餐厅敢想不敢做的分水岭，因为没有匹配的创新能力和强有力的技术支持。每个月推出两套新菜单，其难度和强度之大，也只有大董团队敢挑战，这一点我们绝对有信心这么说。

全年二十四节气七十二物候，通过大董中国意境菜倡导的美学视角来表达，用摄影呈现节气里的花鸟虫鱼，用书法写就节气名称，用食材表达季节变换……一餐饭的味觉体验，因为多维度内容表达，变得更加立体化，这需要具备研发、审美的综合能力。为此，我们成立了大董美食学院，专门服务于研究二十四节气菜品。每天头脑风暴，不断将传统菜品拆解，重新注入创意元素，使二十四节气从视觉、配色、桌花、餐具、菜品、配酒、茶饮等方面拥有完整及和谐的表现，将品鉴方式形成了一个崭新且完整的体验体系。

来大董餐厅就餐的客人，见识广泛，对生活精致度有很高要求。小暑节气时，会有客人专门到大董吃黄鳝。别看是黄鳝，这可是非常具有节气特点的食材，有道说"小暑黄鳝赛人参"，过了这个节气，黄鳝肉质老了，营养价值也没那么高了。还有黄油蟹，也是转瞬即逝，一年也就能吃两个节气，是在夏天最炎热的时候。

所以，挖掘各地好食材，讲究风土时令，这既是大董产品想要表达的东方生活美学，也是一种经营策略。餐桌随着二十四节气的变化而变化，菜品细节做到极致，就会最大程度增加客人黏性，天天有不同，永远有新鲜感，客人就会经常来。

市场

处境变了,情怀不变

大董懂你

人无我有,人有我精,人精我还有"黑科技",是谓稀缺性。

在这之后,就要有变化。

大董的菜单结构,有"四的"理论:大董招牌的、时令的、客人不懂的、客人喜欢的。其中,"大董招牌的"是不可复制、不可超越的,比如我们的十大招牌菜。"客人喜欢的"是指提供他们想要的。另外两个,围绕的都是变化:"时令的"就是要求在一年四季二十四节气的轮换变化里不断创新;而"客人不懂的"其实是指客人没见过的或不常吃到的。换句话说,就是菜品要有特点和新意,持续的惊喜才会让顾客对餐厅始终保有新鲜感。

在我们的招牌菜中,有一道花雕芙蓉蒸帝王蟹,是十年前我去香港地区跟一位师傅学的,回来自己再进一步研发精细,结果呈现得比原版还要好,后来那位师傅来北京品尝过后,开玩笑说以后有什么菜都不能教大董,因为他会超过你。这虽然是一句玩笑话,但也说明了餐饮行业的出品不存在秘密,大部分菜品不受法律保护,你的菜别人也能做,今天推出,第二天就会有人学去,模仿得八九不离十,不像品牌可以注册,专利技术可以申请保护。

这就需要不断有新产品推出和创新迭代,十年前的稀缺,十年后则满大街都有。像大董中国意境菜的理论,有自己的体系及方法论,依然被同行们模仿,换成融合菜、新派菜、创意菜等各种名目。很多大董原创菜品,比如江雪糖醋小排、樱桃鹅肝、番茄脆菇沙拉,被模仿得大街小巷都是。所以如果不能持续地输出新产品,则是无法在行业立足和领先的。

餐厅环境上也是,现在大董餐厅的整体装修,已经到了推翻自我、重装升级的时候,以更好地符合时代需求。菜品引领潮流,环境上同样要做到,既要有经典雅致,也要有国际时尚。

"小大董"餐厅如今已经成功升级,2.0版北京三里屯店就是整体装修风格与餐具、插花、艺术品、灯光等,在视觉上形成了统一,是拥有小大董独有DNA的设计。以前,消费者要求菜品好吃、价格合适就行,但如今的消费者更追求环境、服务、菜品等综合体验感。

  北京大董南新仓店是大董的第二家店,也是从南新仓店开始,大董成为了家喻户晓的品牌。2008年北京奥运会,大董餐厅作为北京对世界的一张名片,接待了奥组委和很多国家的领导人,这是国家和世界对我们品牌的认可。大董2.0版也从南新仓店开始,升级品牌形象。在行业里,我们要成为一个引领者,而不是跟风者,要成为一面旗帜,在餐饮烹饪行业中起到主导作用。

  在经营过程中,我总提到一个词,就是"不吝啬"。经常有人来餐厅翻拍菜单、偷拿菜单,更有甚者,上午刚插好花,下午别的餐厅就出现同款,还有的直接把店开在我们店面旁边,从环境到菜品,整个"复制粘贴"。所以你和我说想卖我们的烤鸭,可以,想卖我们的糖醋小排,也可以,因为大董的领先在于有能力持续创新和改变,永远被模仿追随,却从未被超越。

市场

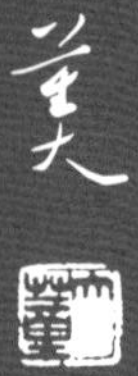

02

DEVELOPMENT

出品

人叫人千声不语，货叫人点首自来

大董餐厅过去有一位特别儒雅的老经理叫林雅轩，我时常会想起他。

当年团结湖北京烤鸭店开业时，共有两位餐厅经理，一位是李玖卿，另一位就是林雅轩。团结湖北京烤鸭店于1985年开业，直至和全聚德烤鸭店联营三年后，在1989年的春节，更名为"北京烤鸭店"，亦即大董烤鸭店的前身。那年春节期间，有一天上午，整个餐厅流水才卖了80多块钱，当时还有个年轻经理叫蔺秋环，他看到如此状况，坐立不安，焦虑地认为与全聚德结束联营合作就失去了优势。老经理林雅轩倒是很淡定，他说了一句话，我永远记得，这句话也一直影响我到今天。他说："人叫人千声不语，货叫人点首自来"。一语道明，做得好不好是你的事，客人来不来是客人的事。你只要做好自己的产品，有了品质，就不要自我怀疑。

餐厅新开业，朋友们固然会来捧场，但对方是否会重复消费，还是就支持你这一次？一两顿饭就能有定论。只有品质达到或者超出客人的期待和要求，才会有回头客。

品质中隐藏着做名牌产品的概念，这个品质，不仅指一道菜的质量高低，更是指整个品牌结构是否有正确的逻辑，比如服务、环境、价格等。当然，核心一定还是产品。所以大董餐厅一直致力于菜品的研发和创新，力求做到极致，这样才有吸引客人来的资本。

餐饮行业，菜品是第一生产力，厨艺需要解构、重组，跟上时代，要相信你的客人是识货之人，只要将菜品打磨精细，符合市场需求，自然就有人上门光顾。如果在产品做到优质的同时，还能做到价廉，即高性价比，价值得到最大程度的体现，客人得到更优质的体验，你就不用发愁客人来不来的问题了。

品质是全方位的，除了菜品以外，细节体验好不好，环境是否宜人，服务能否让人感觉如沐春风，甚至老板帅不帅、老板娘漂不漂亮，都是品质的一部分，直接或间接地影响着餐厅的生意。放在任何一个行业，都是这个道理。

科技进步、信息万变的时代，消费者对你的要求会越来越高，即便品牌逻辑不变，也要求产品以及体验都要不断升级优化。大董一方面保持创新，确保客人有良好体验，以获得回头率、培养顾客的忠诚度，另一方面以口碑传播吸引带动新客流。口碑宣传对顾客有强化作用，从而转化为实际消费行为，这使大董占据并保持在市场的前列。

大董的厨师团队多年来对行业保持着十二分的热爱和执着，保持着对知识的"饥饿感"，对新食材、新潮流、新概念不断探索，从中发现菜品更多的表现潜力。时刻警醒，好的出品才是核心竞争力，故事讲得再天花乱坠，最后没有落实到产品上都是空谈。比起这头牛是听音乐做按摩长大的这种可信度未知的故事，客人更关心的是你用这种牛肉做了道什么菜，这道菜好不好吃，今天服务我们这桌的服务员够不够细心，有没有眼力见儿。

如果对品质能认识到这个层面，企业也就能进入良性循环。餐饮属于服务型的传统行业，从业人员的社会地位比较低，使得人员流失率居高不下。大董一直不停地思考如何让员工保持对工作的热爱，除了收入之外，也要让他们体现个人的社会价值以及自我实现，使员工们能在艰难的业态环境中获取自信心。

大董在服务的精细化上，会对员工进行完善系统的培训，确保他们对服务内容的理解，比如茶酒的专业培训、礼仪培训、服务细节等，拓宽员工眼界、提高见识。员工们在长时间不断学习后，积淀的结果就是个人素养得到提升，这些都会结合产品成功传递给客人，亦成为品质的一部分。

"人叫人千声不语，货叫人点首自来"，放在任何行业都是金句，这句古老却智慧的总结，放在今天仍旧有用，并且会一直有用下去。现代管理的理念只是这句话的翻版或者说是重读，所以要对市场的风潮保持敏锐的捕捉力，不然市场就会抛弃你，或者说因你放弃了产品品质，而被市场抛弃。

大董中国意境菜：中餐烹饪的哲学与表达

仔细算来，大董中国意境菜从理论提出并付诸实现，至今已有 15 年了。在这段时间里，国内外人士对大董中国意境菜逐步有了更深入的认知与认同。

大董中国意境菜能深受大家欢迎，并形成一定的影响力，我觉得是因为它表达出了每个人对生活之美的追求和向往。

从经营上说，不论任何企业，都要以产品为核心竞争力，产品要有独特性，要制造市场差异化，从而形成我是独特的、唯一的、个性的。1985 年，我们还没有真正意义上的店，那时候的烤鸭鸭油味重、鸭皮厚，菜品还都是非常传统的鲁菜，没有形成自己独特的产品和品牌。

我们首先研究如何改变烤鸭的吃法。以前，烤鸭配料只有酱和葱，我们重新恢复了八种调味料。烤鸭也从提前烤制变成现烤，不光现烤，还要端到前厅去现场片鸭、码盘，多了与客人的互动，效果就变得完全不一样，非常吸引人。烤鸭码盘也有讲究，原来是先片鸭胸，但是如果要码盘，就得先片鸭腿，再把最好的鸭胸肉和鸭皮放在上面，让客人能在第一口吃到最好的鸭皮和鸭肉。

吃法改变之后，接下来研究怎么能够皮厚且酥，于是我们提出"酥不腻烤鸭"的概念，让烤鸭更健康，口感更有辨识度，具备了市场差异化。

我们还在传统的基础上，推出一系列新菜品，比如从黄焖鱼翅演变出红花汁鱼翅，从鱼翅转变为董氏烧海参，就是之前的葱烧海参，这些改变都是为了形成名菜、名人、名店的效应。再之后就是慢慢注重摆盘，让每一道菜的呈现都有了美学新高度。

2002 年公司转制，当时就想应该重新取一个店名，有个朋友说，那就叫"大董"吧。到了 2006 年，有了大董南新仓店，出品体系的建立有了萌芽，有了更多思索。到明确地提出"大董中国意境菜"这个称谓并逐步将其系统化，已经是 2009 年了。

我一直坚信中国烹饪是科学，是文化，是艺术。前两者毋庸置疑，比如传统养生和传统烹饪一向强调"五谷为养、五果为助、五畜为益、五菜为充"，从人体的营养金字塔来看，这个传统理论是与现代营养理论不谋而合的。从文化的角度，我们也看到，饮食文化与传统文化是同源的，是密不可分的且相互作用的。但为什么是艺术？是什么形式的艺术？要怎样去体现这种艺术？却是入行30多年来我一直在探索的命题。

艺术上的体验是多层次的。我很认同一句古话："鼎中之变，精妙微纤，口弗能言，志弗能喻"，这种微妙的变化是无法用语言来表述的。刚入行时，我的师父也说过烹饪就是"火中取宝"，所谓烹饪艺术，就是用精准的火候使食物达到最理想的食用状态，这是一种不可言说的境界，很微妙，只能通过不断的实践去体会。

比如一道烹掐菜，刚好烹饪到去生，又不能火候过了，在于时间的准确把握。又比如拔丝苹果，未能出丝与能出丝的状态就在那一刹那，要通过对颜色和气泡的观察，搅动糖液的手感来判断。要想对这种变化把握得非常精准，需要在工作中不断积累经验。

还有一种烹饪艺术，体现在如何将食物呈现出来。20世纪80年代以后，中国烹饪呈现的艺术，我认为走了一段很长的弯路。

这要从人们的审美习惯说起。历史上流传下来的一些高级菜式，比如满汉全席、官府菜，都有所谓的"看菜"，它们除了在味道上讲究之外,更注重的是通过摆盘的形式来烘托宴会气氛,显示豪门大宴、皇家威仪。一路发展下来,虽然菜的味道不断进步,在造型上却裹足不前,呆板、僵化、盛装方式单一。这种拼摆、雕刻等摆盘方式在20世纪80年代可谓登峰造极,成为高档菜的象征。但我认为,这只是重形式而不重内容,让烹饪艺术远离了生活和市场。因为这一切拼摆的"艺术",只会在烹饪比赛的时候得到表现,虽然能让菜品在比赛中取得好成绩,却一点都不实用。

而在同时期,西餐却走向了另外一条道路,在精致菜品的路上不断演化,并将"精致"发展为烹饪的一种艺术呈现方式。其实,西餐的艺术呈现方式(摆盘和色彩搭配),与西方艺术有着非常深的渊源,摆盘就像西方绘画一样,注重色彩,注重点与线的结合,注重光线对整道菜品的影响等。我在这种大历史与现代烹饪背景交融下,开始思考中餐的呈现方式该如何通过艺术的形式表现出来。

在我看来,传统文化赋予中国烹饪很多丰富的色彩,不论从人文、地域还是从历史角度来看,都有很深的渊源。比如陶瓷艺术,最早陶瓷的出现就是为了能盛装食物,从而逐渐发展成一门艺术,从盆景、小品画或工笔画上也能看出很多讲究拼摆的雏形。这些艺术其实与烹饪艺术都是相通的,但在现实中却没有得到体现,我们没有一个系统的、全面的、符合时代潮流的思想在烹饪中去展现这种艺术。所以我在2002年成功解决并稳定了大董"酥不腻"烤鸭和董氏烧海参的品质特点与市场定位后，逐渐将重心转向中国菜艺术特点的研究上，在多年从业经验的基础上思考和实践，提出了"大董中国意境菜"的概念。

意境是指抒情作品中呈现的情景交融、虚实相生，活跃着生命律动的、韵味无穷的诗意空间。

清代画家兼理论家笪重光在《画筌》一书中使用了"意境"一词，并针对山水画创作提出了"实境""真境"和"神境"的理论，对绘画中意与境的含义和相互关系作了较深入的分析，对绘画中的虚实、形神、情景等问题，亦即意境的表现问题都做出了有益探索。

意境理论的提出与发展，使中国传统绘画尤其是山水画创作在审美意识上具备了二重结构：一重是客观事物的艺术再现，另一重是主观精神的表现，二者的有机联系构成了中国传统绘画的意境美。为此，传统美术所强调的意境，既不是客观物象的简单描摹，也不是主观意念的随意拼合，而是主、客观世界的统一，是画家通过"外师造化，中得心源"，在自然美、生活美和艺术美三方面取得的高度和谐的体现。

意境的构成是以空间境象为基础的，是通过对境象的把握与经营得以达到"情与景汇，意与象通"，这一点不但是创作的依据，也是欣赏的依据。创作是将无限表现为有限，将百里之势浓缩于咫尺之间，而欣赏是从有限窥视到无限，咫尺间体味到百里之势。正是这种由面到点的创作过程和由点到面的欣赏过程，使作品中的意境得以展现出来，二者都需要通过形象和想象才能感悟到意境美。

意境的结构特征是虚实相生,它由两部分组成:一部分是"如在目前"的较实因素,称为"实境";另一部分是"见于言外"的较虚部分,称为"虚境"。虚境是实境的升华,体现着实境创造的意向和目的,体现着整个意境的艺术品位和审美效果。

大董中国意境菜就是以菜品为媒介,运用中国绘画的写意技法和中国盆景的拼装技法,反映出中国古典文学的意境之美,抒情地呈现出那种情景交融、虚实相生,活跃着生命律动的韵味和无穷的诗意空间。是色、香、味、形、滋、养的美食艺术与欣赏者精神世界高度融合、完美统一的新流派。

首先,在菜品的呈现上体现了传统绘画艺术和盆景艺术。如"董氏烧海参",整个菜品的呈现具有中国传统绘画的美感,苍劲而秀美,线条简洁,意蕴深远,构思精巧,注意气韵,力求体现"自然的神韵,活泼的节奏,飞扬的动势,写意的效果",有主次地呈现出"横眉群山千秋雪,笑吟长空万里风"的铁骨傲气。

其次,用中国传统绘画讲究的"不似之似"的意象造型,达到源于自然又高于自然的审美效果。如"江雪糖醋小排",它的意境构思来自柳宗元的《江雪》——"孤舟蓑笠翁,独钓寒江雪"。在置陈布势之中大胆、巧妙地运用了通景法、黄金分割法、三元法,夸张地将其意境浓缩到咫尺之内。

再次，为了使菜品的造型更加灵动，富有变化，在菜品的装盘布局上，巧妙地处理空白和疏密之间的关系。所谓"虚实相生，无画处皆成妙境"，即疏密有致，可以打破摆盘中的平均布置。巧妙地安排疏密聚散，可使盘中的菜品达到空灵变化的意境，恰如谚云："密不通风，疏可走马"。这也是结合了中国传统绘画构图的精髓——见白当黑、虚实相间。这样的装盘是用大面积的留白构图，给顾客一个遐想的空间。

最后，大董中国意境菜是"皿中画"，但不是画，是"皿中景"，但又不是"盆景"。它的一切艺术造型皆是为了提高菜品品位，皆是为了服务于欣赏者的品位需求，皆不能为了追求艺术造型而过分强调"造型"。考虑到菜品这个艺术"原材料"的特殊性，所有艺术造型都应在几秒钟的时间内完成。虽然越来越讲究艺术造型，但我仍一直坚持着中国烹饪"以味为核心，以养为目的"的原则，坚持"色、香、味、形、滋、养"的烹饪标准，这是一切的基础。

所谓菜系，传统意义上指的是某一地域的人文、历史、生活等在菜肴上的表现，形成某地菜品的一种风格和流派。而意境菜可以在每个菜系里出现，通过更精准的味道和更雅致的摆盘，让菜品有更美的呈现。总的来说，意境菜要求第一是在色香味上下大功夫以达到完美状态，第二是装盘上的改进。

解构意境菜

容器：

器，在古文中不单是指装载的用具，还是对气量、度量以及风度的解译。在意境菜中，容器的使用亦关乎能否将菜品本身的气势表达出来，从而带领食客进入到菜品与自然融合的意境之中。

所以，意境菜中不少容器都使用石、木、竹等来自天然的素材，这些带着明显自然气质的素材，能够以自身的质感与菜品呼应。至于常用的白瓷盘，也会特别定制，最大程度凸显菜品本身的材质与色彩。

食材：

尽管意境菜作为现今中餐领域最领先的理念，但并不脱离传统，依旧严格遵守着"不时不食"的古训，而且还将"食不厌精，脍不厌细"的原则应用到极致，把时令的地域食材，以细致的手法凸显风味。如春天的"香糟春塘片"，选用的是传统手工的吊糟，以及时令鳜鱼最细嫩的鱼片。夏天的凉瓜以鲜香的咸肉辅佐呈现，秋天的芋泥搭配燕窝以及冬天的豆腐白菜，都是紧贴时令又不失传统的食材。

表现手法：

打破菜系固有的框架，不拘泥于烹调手法，因为烹饪的最终目的就是美味，意境菜本身就是在此基础上，不受菜系流派局限的烹饪。

在表现手法上，意境菜除了具备传统烹饪注重的色、香、味、形以外，还会着重在气氛的营造以及趣味的体现上。就如"江雪糖醋小排"最后上桌时撒的糖霜，"天山共色·卡露伽黑鱼子拌蘑菇"的干冰烟雾，将淮扬菜文思豆腐加入墨鱼汁后的"墨鱼汁文思豆腐"等，都是为了表现一种气氛与意境，使菜品在味道之外带给客人多一份愉悦。

除了营造氛围，让传统的菜品更具有趣味性，进行"重新创意"亦是意境菜常有的表现手法，如将传统陈皮红豆沙以冰棍的形式变成"陈皮红豆沙冰棍"，就是其中的典型。

颜色搭配：

意境菜的配色通常保持在3种以内，有对比又不会太缭乱。摆盘更会有一定的留白，以突出菜品本身的焦点与气势。

作为一名厨师，在厨艺上想要取得成绩需要形成自己独特的系统，具备独特的辨识度。大董中国意境菜通过食材找寻、搭配方法、烹饪技巧、摆盘方式、器皿应用，表达了一种更深层次的美学和文化观点。无论是给我灵感的来自西方的莫奈、梵高的色彩应用,还是东方的写意、留白,都是通过无限的创意,将想象化为可触碰的现实。

近年来,大董团队通过不断地寻找探访,在世界各地与各种食材相遇,这些来自风土以及时令的味道,都有动人的故事。大董中国意境菜的核心意义就是要将这些美好的意象,用烹饪的方式传递到盘中,这也是大董对这个世界的表达。

烹饪亦有潮流,大董中国意境菜开创了中餐新美学,一直在努力探索如何更有风格、更贴切地来表现中国烹饪,食材的特性、味形的设计、盘上的布局、上桌后呈现出的口味质感、温度变化的影响……种种细微之处,都在不断思考与磨砺。

打造大董"X世代"

说到大董,说得最多的一定是有关烤鸭的话题。

早在1985年,我们和北京烤鸭的时代标志——全聚德烤鸭店联营合作三年后,于1989年将店名改为"北京烤鸭店",那是大董烤鸭店的前身,直到2002年北京烤鸭店转制成"大董"。当时我们特别想要在一众烤鸭店里脱颖而出,就开始思考如何在行业同品类中做出差异,这就是"酥不腻烤鸭"的缘起和初衷。

20世纪70年代,餐饮行业对传统北京烤鸭提出的标准是"外脆里嫩,肥而不腻,饱含油脂"。但随着改革开放,人民生活水平提高，物质生活逐渐丰富，到了20世纪90年代，客人开始觉得传统的北京烤鸭太过肥腻，对健康饮食的关注，让大家对北京烤鸭有了新的要求。其实不仅对烤鸭，其他菜品亦遇到了同样挑战。

当时我在店里任经理一职，工作在一线，直接面对客人，听到了很多这样的诉求，直觉告诉我，烤鸭低脂化将会是趋势。将传统烤鸭升级，便成了烤鸭店经理对产品管理的首要任务，这个革新一定要做，不然就跟不上时代。

要重塑传统烤鸭，挑战极大，但我在入行时就坚信，只要信念足够坚定，用心之下没有办不成的事（当然是在遵纪守法的前提下），尤其是涉及专业技术的，慢慢拆解、分析，一定能从中找到方法。

首先要减少烤鸭的脂肪并不难，只需延长烤制的时间即可。我们将传统烤鸭作为最基础的版本，从传统烤制40分钟延长到1小时10分钟，相当于增加了半个小时的烤制时间，油脂确实降低了。

得到基本数据后，我们又对烤鸭提出了"酥不腻"的要求。所谓"酥不腻"，是由两个概念组成，一个是代表口感的"皮酥"，另一个则是代表低脂少油的"不腻"。为了将烤鸭表皮的口感变酥，我带着烤鸭总厨到当时经营得非常好的一家烤鸭店待了一个星期，由于我和那里的经理关系亲近，他热烈欢迎我去观摩，但出于行业习惯，就是不肯告诉我其中的奥妙。

出品

于是我们只能通过每天观察店里烤鸭师傅处理鸭子的流程，再回到店中自行研究试验，最后终于成功地将鸭皮烤制到酥松的程度。相比传统烤鸭外皮如瓦片的脆，大董"酥不腻"烤鸭鸭皮中带有气孔的"酥"属于脆的升级版。2001 年，我们成功将传统北京烤鸭的油脂含量从 43% 降到 15.22%，大董将北京烤鸭带入了 2.0 时代。解决了传统烤鸭油腻的"痛点"，低脂少油的酥不腻烤鸭不仅成为融入健康饮食理念的新产品，也划时代地竖立了北京烤鸭的行业新标准。

产品的生命力在于精益求精，这取决于拥有敢于不断推翻自我的勇气。到 2014 年，社会已经进入了信息流通爆发的年代，人们开始对食材产生更多的追求和关注，于是大董团队也开始了对北京烤鸭 3.0 版本的研发。

大董烤鸭，原材料只用北京金星鸭场的产品。这家自 1999 年就建立的鸭场，用豆饼、花生饼和玉米饼来喂养鸭子，相比市场上喂饲鱼粉骨粉的烤鸭，整体肉味和品质自然超出不止一个档次，这也是大董烤鸭和别家烤鸭在味道上有根本区别的原因。3.0 版本以"酥不腻"制作方法烤制的 22 天小雏鸭，极其讲究原料的品质，比起大鸭子，小雏鸭肉质更细嫩，分量更灵活，客人在烤鸭的品类上也多了一个选择。为此，我们专门举办了发布会，宣布烤鸭 3.0 版本的诞生。有趣的是，即使变成小鸭子，售价却和大鸭子相同，从供不应求的销售数量来看，证明了市场的高度认可。

到了 2019 年，大董"酥不腻"烤鸭就进入了 4.0 时代，这一次我们尝试打破北京烤鸭原味的结构，在烤制时加入了香茅草，使小雏鸭自带香气。这款烤鸭名为大董22天"酥不腻"香茅小雏鸭，鸭皮酥松、鸭肉细嫩、富含汁水，由于烤制前经过调味，浓郁回香，吃的时候可以不用配卷饼或烧饼，也不需额外搭配葱丝，更不用蘸酱，空口吃也回味无穷，传统北京烤鸭从此有了新的味道体现。

2021年，大董的"酥不腻"烤鸭又有了5.0版本的升级进化，这次是回到了过去"酥不腻"烤鸭的原点做精细化调整。我们将鸭皮的酥松度、汁水含量再进一步地向极致调整，最终呈现的丰富口感，使大董烤鸭与市场竞品保持了绝对的领先距离。

我们非常清晰地认识到，创新背后的理性目标，就是在差异化中不断寻求突破，才能保持产品的不可替代性。作为一家创新型企业，从红花汁鱼翅、董氏烧海参、"酥不腻"烤鸭的不断迭代，到大董中国意境菜理论体系的形成，大董一直在创新和制造稀缺的路上向前奔走。

精益求精，不破不立。

传统不是我的负担,有多轻,就能走多远

大董懂你

　　大董企业发展几十年,我们经历过很多次转型,其中最具有决定性意义的就是成功地把招牌黄焖鱼翅升级为红花汁鱼翅,再转变为董氏烧海参。

　　再好的产品也有时效性,紧跟时代步伐,贴近大众需求,才是产品历久不衰的硬道理。

　　为了不偏离消费者需求的轨道,必须时刻保持对市场的高度敏感,才能对产品的研发趋向有预见性,保证更新迭代不会被时代抛弃。

黄焖鱼翅这道我们过去的主打菜，鱼翅搭配着金黄色的浓汤，味道丰满浓郁，曾经是一道体现富贵的菜品。高汤金黄的色泽和浓稠的质感，都是使用大量鸡油营造出的效果。在物质生活较为匮乏的时代，桌上一盘黄焖鱼翅不仅显示了隆重，代表了主人的体面，也满足了口腹。金黄发亮的浓汤虽然看不见油，但实际上含油量特别高，过去属于皇家御用，是唯有高贵人家才吃得起的菜品。

但这样的菜品放在今日，就会对身体造成很大的负担，尤其随着社会发展，在健康饮食的风潮下，我们预见到这种热量极高、口味厚重的菜会逐渐与客人的需求相违背。

二十年前，我们就在思考如何打造出一道招牌菜，外在呈现既要保持同样的美观，保证传统上一贯华丽高贵的风格，同时菜品内核又要符合现代人对健康的诉求。最后我们试验用清鸡汤加上藏红花一起熬，熬出的汤色同样具有金灿灿的效果。这碗完美替代原来高脂高油黄焖汁的红花汁，如今成为了大董招牌系列菜品之一——红花汁系列，包括红花汁鱼翅、红花汁栗子白菜等。从市场反馈来看，红花汁系列比黄焖系列更能获得消费者的认同，也取得了比预期更高的成功。

从主打的鱼翅转变为董氏烧海参，这是在全球环保大潮下，我们表明的态度。研发出一道能顺利取代红花汁鱼翅的新菜，不仅要从原材料的珍贵程度考虑，更要符合时下健康的需求，这样的产品才能拥有市场价值和生命力。并且，作为大董主打的招牌菜，更要具备成为同品类标杆产品的竞争力。

于是营养丰富、高蛋白、低脂肪低胆固醇的海参，就成为大董新一代的招牌产品。为了顺利地与鱼翅实现换代交替，我们在推出董氏烧海参后，专门向点鱼翅的客人赠送试吃，一方面在推广，另一方面也在教育市场，培养客人点海参的习惯。同时我们也将"董氏烧海参"尽可能地在餐厅各处体现出来，让更多的客人知道大董除烤鸭以外，还有招牌海参。

大董的创新，在于对经典的遵循和延续，而不是将传统作为自己的枷锁，因为再老的菜也是当时潮流的产物，和审美一样要跟随时代的轨迹而调整。

市场的事实证明，要是总怀着"这是祖师爷教的，不能改"的思维，就会让自我与市场需求越行越远。

用藏红花清鸡汤代替高油高胆固醇的鸡油金汤，就是拥抱健康潮流做出的积极改变。而减少鱼翅销售，更是遵循环保大趋势所做的调整。选择低胆固醇、没有激素、孩子都可以吃的高营养食材海参作招牌，也是看到其健康和可持续发展的潜力。包括烤鸭，到 2021 年已经迭代到了少脂少油的 5.0 版本，也是出于满足现代人对健康和口味的需求。

我们在员工的培训中明确指出，餐厅提供的菜品永远要以满足顾客对现代餐厅的期许为先。

尊重传统而不被约束，懂得去芜存菁，灵活运用前人的智慧，同时敢于创新和改变，这才是大董能走到今天和保持领先的核心原因。

传统是用来延续的，而不是用来守着的。

书皮肉饼：餐厅的痛点，客人的兴奋点

最近客人去餐厅都流行点隐藏菜单，能吃到菜单以外的菜，说明自己有身份，有面子，有谈资。其实无论商业还是个人，寻求的就是差异化，每个人都希望和别人不一样，每个人都希望被重视，这是人性使然，"差异"就是稀缺，物以稀为贵，这是千百年来不破的定律。

隐藏菜品的出现，很多时候不是刻意为之，偶然性中也有其必然性。就拿大董的"书皮肉饼"来说吧。

记得一次大雪天路过河北香河县，当时又冷又饿，就想找

一家能吃肉饼的地方。香河肉饼是北方人特别喜欢的食物，在这天寒地冻的时候，又在肉饼发源地，吃上一张饱满的肉饼，喝上一碗热乎的棒碴粥，自是当下的最佳选择。

于是按照网络媒体推荐找到附近一家评价不错的肉饼铺，前店后家，店里大约摆了10张桌子。店家的招牌肉饼，味道虽然还不错，可并没有太多惊喜，更谈不上辨识度。

后来才发现，香河县几乎所有的肉饼店都标榜自己是金字招牌和百年老店，实际上到底哪家正宗、哪家好吃，已经因为过度同质化而分辨不清。你想象以及期待的那种皮薄、肉多、汁水丰富、香气四溢的肉饼早已不存在了。

于是在回北京的路上，我有了要做一个大董标准的肉饼的想法，有一股强大欲望在推动我，告诉我这件事情值得去做。

一回到店里，我就让厨房团队按照我心中所想的肉饼标准研发落地。我要求层层叠叠，是谓千层，以达到视觉和味觉的双重满足。每层饼皮尽可能做到最薄，饼皮间的肉要尽可能的多，实现咬下去满口是肉的效果。

饼皮的厚薄程度，光靠想象和形容是无法让厨房团队理解你想要的标准和要求的。每个人的理解不一样，所以要讲究数据化，直接按照实物对标，要将面皮擀到像书皮般的厚薄程度，无论是7层还是8层，必须确保每一层面皮都要那么薄，厚度像纸一样，我认为应该是薄到极致了。

肉馅不能绞碎成蓉，而是要切成细粒，保证肉质纤维不被破坏，煎熟后能锁住肉汁，口感亦要带着丰富的层次，最关键的是肉量要最大程度地下足。至于肉馅的肥瘦比例，以及搅打的方式，都要在基础框架下一步一步做测试。

研发成功后，这个肉饼就起名叫"书皮肉饼"，饼皮又薄又脆又有韧劲，完全符合我对一口好肉饼的想象。层层肉馅，一口咬下去，百分之百的客人都大呼满足。然而这个肉饼有一个"痛点"，就是必须现做才好吃，如果从客人点单开始计算的话，处理肉馅、揉面醒面，再到现做现煎，从点单到吃上，至少需要一个半小时才能有这么完美的口感，这在经营上是没有办法上菜单的。

大董餐厅从来不搞饥饿营销，书皮肉饼之所以没有公开售卖，是因为作为单点的菜品，客人几乎不可能为了一道菜而等这么长时间。同时，对餐厅来说，为了一道菜过于耗费人工和时间，增加成本之余，也会影响正常营运。

后来，我们就把这道书皮肉饼放在 VIP 客人的宴请或特定的宴会上，只要一亮相，就一定会受到客人们的热烈好评，毕竟如此充满诚意的肉饼也只有在大董餐厅才能吃到。口口相传，越来越多的客人来询问，于是有没有吃过大董书皮肉饼，便成为判断和大董餐厅关系紧密与否的依据，毕竟制作费工费时，需要特批安排才能吃得上。这块不花里胡哨、实实在在的肉饼，从此就体现出稀缺产品的价值来，让吃到的人觉得自己被优待，肉饼华丽转身成了面子，变成了谈资。

产品做到极致,就有其高价值,哪怕不会立刻在销售上体现,可背后潜在的附加值往往会比直接销售所得还要高。现在的书皮肉饼已经升级到 2.0 版本,里面加入了黑松露、蘑菇、芝士等,馅料更加丰富。

有些产品是为了销售,有些产品是为了推广,使命不同,但价值一样。

偶尔有个隐藏菜单,很有趣。

没有用不到，只有想不到：大董办公室的伙食海参

大董很多菜品的创意其实来自每天的日常，因为我们的团队始终保持一颗敏感、仔细观察的心和愿意琢磨的工作态度，往往不经意的一句话、一件事就会带来无限启发。

当大董烤鸭店还只有团结湖一家店的时候，我的办公室就设在餐厅二楼的拐角，办公室很小，四面放了书柜后，就只剩下中间放张桌子的空间。

团结湖店店小、包房少，但生意火爆，有时候我要请朋友吃饭也抢不到包房，为了不耽误前厅经营，就只能把客人请到

办公室里用餐。后来没想到,在我那间简陋的办公室里吃饭却成为了大家发微信朋友圈的谈资。

当时办公室空间狭小,一张桌子最多只能坐下8~10个人,更别说四面想再放些沙发了,朋友们只能坐在桌边聊天。有一次美食家沈宏非老师来北京,留他吃饭,问他想吃什么,沈老师说,就吃点家常有滋味儿的菜,然后随口一提,炒一盘碎海参就好,我一听,好啊,正愁那些碎海参没地方用呢。因为海参在发制或者煨制的过程中难免会破损一些,在职业道德上,这些哪怕就是有一点点破损的都不能用作销售。客人位上的海参,要求的就是整根完整漂亮。于是厨房就堆积了一批这样有"瑕疵"的原材料,质量依然上乘,就是样子不好看而已。既然沈老师有如此提议,我们就刚好拿这些海参和大葱段炒上一大盘,用来拌饭吃滋味一绝。

没过多久,就从厨房里端上来一个比脸盆还大的盘子,海参富含胶质,满满一盘,颤巍巍地抖动着,光泽闪亮动人。

我们几个每人捧一碗米饭,舀上几勺海参当浇头。相比整根海参,碎海参更软糯,更Q弹,更能全面地吸收汤汁,入味的程度自然超出好几倍。那份滋味,让沈老师吃完之后忍不住发了朋友圈,说是在大董的办公室里吃了一顿伙食饭,从此这"伙食饭"就在朋友圈里流传开了。

很多朋友看到,就特地点明要来吃用碎海参做的伙食饭,于是这道菜也跟着命名为"伙食海参","伙食海参"就这样"出圈儿"了。

伙食海参的研发成功,对餐厅和消费者来说,是件双赢的好事。海参在发制和煨制的过程中产生的碎海参,以前只能当作损耗,但现在随着伙食海参的推出,就能很好地利用起来,在成本控制上有了突破。从消费者的角度来说,商务宴请的位吃需要整条海参,那么在大众消费以及好友聚餐的时候,点一大盘伙食海参来分享,体验更有滋味,性价比更高。

其实大董有很多菜品都是这样出现的,我们做葱烧海参时会取出海参肠,为了物尽其用,就设计了鲜花椒炝海参肠,这是一道前菜,摆盘很有新意,口感也清爽,非常受食客欢迎。烤鸭在烤制过程中,不可能保证100%的出成率,有时候90%,有时候85%,这都是正常现象,鸭皮有时候会烤破,或者鸭腿烤得有点糊,品相就会受影响。这些不达标的烤鸭,我们就会把鸭肉片下来切成粒,用甜面酱炒成雀巢鸭宝,上桌时,客人可以包着生菜吃,特别受外国客人喜爱。

还有一道菜叫香橙鸭宝羹,最显示大董物尽其用的原则。过去所有的鸭子都是到了店里后由店家自己开膛,鸭肝、鸭肠、鸭胗这些内脏都是宝贝,我们就设计了一道菜,将这些原材料煮成羹汤后,用少许鲜榨橙汁调味,再装在橙子里呈现,清新的味道和形式,成为全鸭宴里不可或缺的汤肴。

其他的例子还有很多,比如宫爆虾、宫爆鸡丁、葱烧海参等菜品里会用到很多山东大葱,葱白用完,剩下大量的葱须子和葱叶子，就拿去炸葱油。在中餐厨房里，葱油的使用频率是非常高的，这方面的成本也就控制住了。

大董企业一直要求员工灵活思考，将一些零成本的原材料做进一步的创意和研发，最大限度地做到物尽其用。大董企业经营的成功，离不开合理的成本管控。

只要有心，玻璃球也能成珠宝。

有一种贴心,叫大董酸菜面

产品的研发,都要以满足客人需求为前提。不论是高蛋白低胆固醇的葱烧海参,还是少油健康的5.0版"酥不腻"烤鸭,以及红花汁系列菜品,大董一直在为客人的需求服务。我们还有两款深得人心的面:一款是"王的炸酱面",另一款是"大董酸菜面"。

作为北京特色面食的炸酱面,讲究"七碟八碗",上桌时不能只是光秃秃的一碗干面,要有"面码儿"作陪衬,丰富多元才能显示出主人的体面。

面码儿的内容有随着四季时令节气变换的讲究,早春吃野鸡脖儿韭菜,仲春吃杨花萝卜,季春吃掐菜、香椿芽。到了夏天,初夏吃嫩芹菜,仲夏就要吃紫边嫩豆角。一到立秋,心里美萝卜应季上市,我们就把萝卜切成细丝,搭配面条以体现清爽的口感层次。冬天的面码儿是大白菜,切成丝后焯熟,口感甜嫩细腻。对炸酱的要求,肉丁手切的同时,肉质要够肥硕,炸出酱才有油浮碗沿儿的效果。这样的一勺酱里要有半勺油,吃着香美,脸上才有光。

所以,炸酱面吃得是豪迈爽快又要有气势,炸酱里肉丁要足够多,另配上七碟八碗的面码儿,才不显寒酸。在客人要求下,大董餐厅增加的这道"王的炸酱面",一碗面上桌,搭配十多碟面码儿,将一碗简单家常的炸酱面做出了极致的仪式感。很多像大提琴演奏家朱亦兵这样的客人,都被这碗炸酱面的阵势震撼到了。

有些时候,将产品的开发着眼于常见菜品的精细化升级上,发现平实菜品的闪光点,反而更能打动客人。

若说"王的炸酱面"以充满仪式感的体验为卖点,那么大董酸菜面,就来自对客人的贴心关注。我们发现,经常有一些客人在宴请的时候忙于招待和敬酒,到宴席最后才想起来要吃点东西,这时吃一碗热汤面,既醒酒又饱腹。对大董来说,这一碗热汤面要在餐后体现出一种能安抚胃口的效果,就不能以一碗简单普通的炝锅面来对付。我们对客人的口味进行了调研,发现喝酒或者吃过大餐后,需要有一定酸度的滋味来放松味蕾,就开发出了这款用老北京酸菜、和牛小排、鸡汤做成的酸菜面。

别一听是碗酸菜面就觉得没什么技术含量,我们在原材料的使用上可是经过了充分考虑和调试,使用了比东北酸菜口感更为柔和的北京酸菜,降低了酸度的直接刺激,多了一份醇和,再用二汤或者鸭架汤来烹煮,鲜美、酸香、热乎,堪称"醒酒神器"。这一碗面,使用的并不是什么名贵食材,却是大董产品以客为主的研发理念的呈现,是我们在贴心服务中的敏锐发现。有一次小提琴演奏家吕思清先生和歌唱家戴玉强先生来访,冬天寒冷,小酌之后端上了这碗酸菜牛肉面,大家都像是约好了一样,端起大黑碗一口气把酸汤喝得干干净净,热热乎乎的酸菜牛肉汤,带来的是满足和舒坦。

细致服务、随处观察、敏锐发现,是大董餐厅对每一位服务人员的要求,很多菜品都是通过观察客人的需求而研发得来。比如每天在餐厅都有客人过生日,我们就用龙虾头熬成虾汤,再煮一碗长寿面,"卧"两个鸡蛋,送给过生日的客人。这些看似简单的菜,只要倾注了足够多的心思,就会变得与众不同,满足客人的需求之外,还能带来惊喜。

出

品

人的名片，餐厅的招牌菜

有一次我在外地出差，去了当地一家据说很出名的餐厅吃饭，点菜时发现菜单上的菜品琳琅满目，无从下手，于是我就问服务员你们的招牌菜是什么？服务员说我们家的菜都挺好吃的。我又问，客人平时最爱点哪一道菜？她回答，每个客人的口味偏好不一样，每道菜都有喜欢和不喜欢的人。我还不甘心，又问，你自己最喜欢哪道菜？结果我得到的回答居然是清炒豌豆尖。

一个服务员不知道自家餐厅的核心产品是什么，是一件特别可怕的事情，当客人需要你推荐菜品的时候，得到的答案居然是清炒豌豆尖之类几乎各家餐厅菜单上都会出现的菜品，就更可怕，这样的餐厅其生命力可预见的很难长久。

大董餐厅从一开始就强调要有自己的核心产品，形成难以复制的核心竞争力。也就是说，餐厅一定要有几道招牌菜，如果说不出招牌菜，餐厅的经营思路就不明晰，品牌是做不好的。如果没有招牌菜，客人就没有理由来你的餐厅吃饭，所以在一开始就要把菜品方向明确下来。

招牌菜既是餐厅的一张名片，也是让客人来的一个理由。如果一家餐厅连吃什么都说不清楚，顾客为什么还要来呢？在菜品的研发和设计上，主打招牌菜品必须非常明确，像海参、烤鸭、鲍鱼等都是大董安身立命的菜品，这些树立了行业品质标准并且难以复制的菜品，就成为业界同品类的"金线"，也给客人提供了明确的信号和消费指导。

有了招牌菜，还需要推广招牌菜。大董花费了极高的成本对服务员进行培训，目的就是让服务员对餐厅的招牌菜能透彻地了解，确保在客人点菜的时候能说得出来，能通过真实的感受来介绍菜品。

服务员对大董的十大招牌菜要如数家珍，比如"酥不腻"烤鸭、董氏烧海参、花雕蒸芙蓉帝王蟹等，还要加上从这些菜品横向研发出的多种菜式，比如帝王蟹就有 5 种做法；红花汁系列还有红花汁鳖肚公、红花汁栗子白菜等；龙虾汤系列有龙虾汤过桥东星斑、龙虾汤过桥象拔蚌；牛肉系列有招牌豉辣牛仔粒、葱爆牛肉等。服务员只需把这些菜都说清楚说明白，客人自然对餐厅的菜品有认识，就很容易点菜了。

招牌菜对餐饮行业来说就是命门，带着鲜明的企业印记，这也是大董从业这么多年从未被超越的原因。即便很多同行来学习，我们也知无不言、言无不尽地去交流和传递，但很多精神层面上的东西，是不可言说的。

大董在这么多年的经营中，一直保持着清醒的头脑思考自己要做什么，擅长做什么，这也是餐饮同行们要找寻的路。

出

品

菜品核心理念：健康、美味、个性

要理解大董的出品理念，先要理解马斯洛需求层次理论。在马斯洛需求层次理论中，人们需要动力去实现某些需求，有些需求优先于其他需求。在马斯洛需求的金字塔中，从底部向上分别是生理、安全、情感、归属与尊重及自我实现，在这个结构中，我们看到只有在生理上得到满足，亦即吃饱喝足穿暖以后，才有余地去思考如何吃得更好、更健康。

30多年前，我已经认识到这个问题并体悟到这一点——要站在未来看现在。在设计菜品的时候，就要预先想清楚随着社会的发展,很多像黄焖鱼翅这样高油脂的传统菜,客人还会不会继续买单?若市场对高油脂食物的需求渐少,就应该未雨绸缪,着手研究出降低传统菜品油脂含量的方案,比如低脂的"酥不腻"烤鸭,比如代替黄焖汁(以鸡油熬煮)的红花汁(更健康)。

菜品烹调上坚持少油、少盐。在设计出品方向时,必定要有前瞻性,提前十年开始规划,当市场有需求的时候,菜品已经准备好了。大董的出品思路,第一要素就是健康,把浓油赤酱的厚汁,在不改变视觉呈现的基础上换成更健康的调味,例如用藏红花加清鸡汤变成金黄色的红花汁来代替黄澄澄的鸡油。在20年前,这款汁就获得了烹饪大赛的金奖,这在当时是一个创举,是饮食健康需求下成功改良菜品的案例。

另一个例子,就是把传统的北京烤鸭脂肪含量降低,因为预见到未来的饮食风潮,我们在20年前就对当时皮脆硬、肉肥润的北京烤鸭进行研究改良,最后成功地将烤鸭的脂肪含量从43%降到了15.22%,鸭皮和鸭肉之间那层白白的脂肪消失了,取而代之的是酥松易碎的鸭皮。"酥不腻"烤鸭的问世说明大董将北京烤鸭带入了一个新的时代。在做了这个改变之后,现在不管行业内外,衡量烤鸭品质的第一标准都是鸭皮酥不酥,"酥不腻"已经成为了优质烤鸭的代名词。

另一种健康要素是指意识。在过去,红花汁鱼翅是店里卖得很好,且贡献了较高销售额的一道菜。但出于环境保护的目的,需要弱化这道菜的存在,于是就要找到符合环保与健康理念的食材来替代,同时经营方向和出品理念都要改变。

于是我们在"海八珍"中选择了低胆固醇,同时又含有丰富胶原蛋白的海参,用八道程序打造出葱烧海参,将其作为一款新的招牌菜来代替鱼翅,最后成功地将葱烧海参变成大董的核心产品,从健康角度满足了人们对饮食的新需求。

美味与健康相辅相成,要健康,更要味道好,好吃是硬道理,这是大董出品理念中最基础的要求。美味不用多说,一颗药片即使对身体再好,你也不太会想吃,食物只有好吃,人们才会想着不断地去吃,才会形成客户黏性,才会不断地消费,哪怕价格较高也愿意去尝试,因为有价值。

个性,是一个企业的识别度,大董中国意境菜的产生就很好地说明了这个问题。经营一个品牌,我的方向到底是什么?是继续经营团结湖烤鸭店,做一家旅游餐厅,还是要做一家"大董"?在品牌经营上是不一样的思路。

团结湖烤鸭店只是一家烤鸭店,而一家烤鸭店卖海参、卖鱼翅,是没有说服力的。在大众的思维里,烤鸭店就是一个卖烤鸭和家常菜的地方,来的客人如果都只点烤鸭,效益很难增长,所以要跟随市场的角度转变经营思路。因此在2002年,我将团结湖烤鸭店做了一次改制,改成了"大董"。那么大董的菜品经营思路要怎么走?如何去设定?烤鸭在餐厅里的定位是什么?菜系是鲁菜还是京菜?还是全鸭席?

若经营京鲁菜,会被菜系固化和束缚,若经营全鸭席,那就和烤鸭家常菜没有区别了,我能不能另辟蹊径做一个有自己个性基因的、原创的产品？根据这个目标，"大董"提出了中国意境菜的概念。如何理解呢？就是用世界的食材，学习国际先进的烹饪手法，任何一个菜系的手法都可以为我所用。大董中国意境菜，它不属于任何一个菜系，它是美食的一个新表达，是中餐美学的新体现，思路更宽，空间更大，这就是我要求的个性和与众不同的地方，也就形成了大董菜品的出品理念——健康、美味、个性。

出

品

"残卷"是如何来的

所谓小品菜，就是一道大菜后面跟着的一道小菜，添加在一些味道浓郁的菜品之后，起到清口作用，以更好地品尝下一道菜。用几个词概括，就是"小而美、性而灵、雅而淡、趣而味"。

在众多小品菜中，有一道名为"残卷"，是以山楂为原材料做成丸，用米纸包住，再用火去烧米纸的边缘，呈现出书卷被火烧过以后的那种残缺美。因为山楂口味甜酸，有消食解腻的作用。为什么叫残卷呢？是因为有一次我去敦煌参观壁画，经过岁月风雨，壁画受到风化侵蚀而剥落残缺，当时的景象对心灵产生了很大的冲击，给了我灵感，便想要做一道小品菜，名字就叫"残卷"。

这是我们出去采风，通过对当地风俗和文化的理解得到的启发，把当地的一些小吃融入到大董中国意境菜中来，并与文化风土相结合的味觉观。

除了"残卷"，还有一道"彩馍"，也是去敦煌采风后出现在品鉴会上的一道菜。菜肴做出来有黄、绿、红、白四种颜色，灵感来自壁画中的飞天彩袖，充满古朴意趣和西北风情。同样源自西北地区的"浆水"，也应用到了菜品中，在夏季时令菜中以浆水乌鱼蛋汤呈现出来。乌鱼蛋汤本来就是清雅微酸的口味，传统做法是用米醋来调味，当我们遇到浆水之后，发现浆水完全可以代替米醋的作用，并且更多出了清新凉爽的味觉层次。浆水是西北民间特别地道的食物之一，具有很强的时令性，更是当地人夏天必吃的季节美味，符合大董"不时不食"的精神，在意境菜中更是表现出彩。

还有很多类似这样融入地方风土文化的创作思路，不断研发出大董中国意境菜菜谱库中充满亮点的新菜品。

通过不断创意，小品菜到现在已积累了约 30 道。依据时令节气，可以在菜单上单点，如果想更全面地品尝小品菜，也可以请餐厅经理特别为菜单做搭配。比如在海参之后的百香果慕斯，或者用时令水果做成的冰霜；帝王蟹之后，有源自广东的姜汁撞奶组合；而残卷通常会在烤鸭之后呈现。一道大菜后跟一道小品菜的顺序组合，已经成为大董中国意境菜的一种制式，也是目前国内首创。

为了进一步加深大家对小品菜的了解，2021年秋天、正值白松露上市的季节，大董特地在今日美术馆策划了一场"落花时节又逢君"为主题的摄影展。借着季节时令，举办了关于小品菜的摄影展和以小品菜为主题的品鉴晚宴。当天，挂在墙上的摄影作品与桌上的小品菜形成互动体验，加上投影特效，实现了对小品菜多维度的诠释。

做小品菜，需要极强的研发实力，且要保持十足的趣味性，大董将游走世界的经历化成灵感，再浓缩成眼前的小品菜与客人分享。

出

品

小品菜：掌握了节奏，才会有全局

大董独创的小品菜属于大董中国意境菜结构中的一个标志性创新。

一套菜单、一餐饭就如同一篇乐章，合理之处就在于起承转合。小品菜如曲谱中的休止符，在每一道主菜、大菜后，就会跟一道小品菜，以调整宴会的节奏和氛围。小品菜是菜与菜之间的"呼吸"，是宴会从正式、庄严趋向舒缓、和悦的间隙。

小品菜能调整品尝者的口味，让味觉在大菜之后回到中和状态，并且在受到各种鲜美的刺激之后，重新回归清爽、平和。

这是对菜单节奏设计的把握，充满巧思。小品菜要体现小而美、性而灵、雅而淡、趣而味，在宴会中起到的作用既不能喧宾夺主，又要起到作为承接点帮助大菜转换口味的功能。

比如，当客人吃完董氏烧海参，我们会为他送上一小杯水果冰霜，冰霜的口味会根据当季时令水果而随时更替。用 Pacojet 冰霜机打出近乎奶油般细滑的冰沙，为味蕾送上一份清凉和酸爽，做好迎接下一道菜的准备，这就是小品菜存在的意义。

这是大董中国意境菜的一个前瞻性的创意。将大董中国意境菜看作一个大乐章，层次韵律中蕴含高低起伏，小品菜则在其中起到主要的上下衔接效果。之所以叫作"小品"，不止是因为小，更是通过小巧来体现精致优雅，以及趣味性。

这是启发自中国文学和绘画中的名字，亦是中国文化艺术独有的一种表现形式。如小令，即绘画中的小品，亦叫斗方，强调虽小却有品，个中有大世界。

从中国传统文化中引申出来的小品菜，之前并没有在传统的饮食文化中呈现过。其灵感并不是来自凭空想象，而是大董多年感受和融汇中国传统宴饮文化后的表达。

别看小品菜小，若想表现出巧的效果，要有更多精致细腻的思考。因为小品菜在每道主菜之后呈现，和主菜会形成互补关系，口味上更要讲究协调和一致性。

比如董氏烧海参，口味浓郁厚重，衔接的小品菜就需要淡雅清新。若前一道菜品的口感是软糯的，小品菜的口感就要加入脆爽的元素。食材的选择更要体现时令，比如，春天有马蹄和春笋作选择，体现清脆清雅的口味；夏天就要选择柠檬或香茅这类香气能让人为之一震的食材；秋天要考虑到节气温度的转变，中秋之前低温的冰霜会是不错的选择；冬季温热的小品菜，会更符合人们的味觉习惯，比如杏汁百合、姜汁撞奶都是很出彩的搭配。任何想法、任何地域物产和时令食材，都可以用小品菜来呈现，个中可发挥的空间非常大。

小品菜的功能用途特别灵活，若感觉宴会菜品品类单一，不够有层次，小品菜就可以作为中间的穿插，将整个菜单味道表达得更加丰富，犹如橱窗里恰到好处的花朵装饰，这些细节往往会成为宴会中最瞩目的亮点。

细节体现美，小品菜在大董中国意境菜中，一直都是细节之美的表现，也是为每一道主菜增添色彩的亮点。有趣的是，它也是大董中国意境菜里，中国饮食文化最佳的微观呈现。

出

品

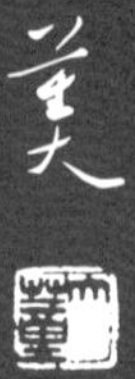
美

03

BRANDING

品牌

小大董 2.0：时尚、自由、无拘束的狂想曲

大董在经营上有着自己的路径。2014 年 6 月 1 日，第一家"小大董"餐厅在北京侨福芳草地开业。这是一家延伸创始人大董的经营理念，同时又表现大董性格中更轻松一面的子品牌，就像大董餐厅的少年版。餐厅定位为都市人工作后的小聚之地，目的是打造一处轻松又时尚的美食风潮打卡新地标。

多年前在团结湖烤鸭店上班，每天结束繁忙的工作，回家途中都会收听北京广播电台的一档节目《蓝调北京》，主持人的声音柔美磁性，优雅轻快的音乐让我放松紧张的神经。幽静

的夜晚、美妙的旋律，脑海里浮现出充满蓝紫色风格和潮流的北京腔调，当时我就在想，如果我拥有一家自己的餐厅，那就是"蓝调北京"。

2020年，小大董在稳固品牌美誉度的基础上将视觉呈现全面升级，实现了我理想中餐厅应该有的模样。小大董餐厅正式升级到2.0版，我们赋予它一个时尚的名字——Rhapsody·蓝调北京。

这个名字的由来，要回溯到我和"新东方"创始人王强老师的一段对话。我对王强老师说，小大董2.0版应该是传统的、典雅的、文化的、时尚的、国际的，我想请您给"蓝调北京"起一个英文名字。

王强老师说，那就叫Rhapsody·蓝调北京吧，"Rhapsody"虽然是狂想曲的意思，但它也有一定静的含义，比蓝调更奔放，更有想象力。小大董这支狂想曲是一个梦想，它连接着过去、现在和未来，是跨时空的存在。由此，我们一致认为Rhapsody能更恰当地体现小大董的理念。

小大董狂想曲，想要传递出热烈、跳跃、活力的感觉。蓝调代表着自由、无拘束、富足的精神，消费定位在勇于追求时尚同时又在引领潮流的人群。

奥斯卡获奖电影《波西米亚狂想曲》，给予小大董很多设计上的启发和灵感，电影讲述的是40年前成立的美国皇后乐队的故事。我认为，想要保持活力，就需要有源源不断的追随者去刺激创造力。引领文化潮流需要打造精神图腾，这些精神和餐厅品牌的经营如出一辙。

所谓图腾，是我们的祖先将偶像的样子刻在石头上，祈祷拥有更多的能量，在与自然和猛兽的搏斗中获得勇气，慢慢地，人类将崇拜的事物化成精神图腾。我们的目标，就是将小大董北京三里屯店"Rhapsody·蓝调北京"打造成小大董餐厅升级版的精神图腾，成为引领中国餐饮新消费群体的艺术潮流中心。

餐厅以蓝色为主题，突出艺术感，用餐区、酒吧区相互交错，艺术装置的加入营造出海洋般的沉浸式体验空间，也让客人犹如身处暮色的天空下。精致、优雅、时尚的气息，让顾客能够在放松的场景中有全方位的用餐体验。

"艺术就是不妥协"，永不妥协也是大董企业的核心精神之一，子品牌的个性打造，更是企业精神的延伸。用色彩与韵律诠释的小大董"Rhapsody·蓝调北京"正如预期那样，一开业就受到潮流人士的喜爱和追捧。

品牌

美，就是大董企业的内核

大董商标 Logo 中的"美"字，是胡赳赳老师为大董写的。仔细看，这个字上下拆开实为"董大"二字，源于唐·高适《别董大》。个中寓意是各美其美，美人之美，美美与共，大董大美。

对"美"的解读，在大董工体店的离别答谢晚宴上，王强老师又做了更深的诠释。这篇文章，就引用他那晚的发言：

感谢大董，感谢大家。今晚，一定是走进我们大家记忆中的一晚。七年前，我非常荣幸地接受大董邀请，和他的师父王义均先生为这家店剪彩。今天，虽然我们即将告别这个地方，但这个告别意味着重生,重生的英文是 relocation,如果把这个词加上连字符,re-location 恰恰意味着重新发现。

我认为今天晚上不是离别,因为 Refuse to part 这句话若再加上连字符,意思就是拒绝分别 don't part,所以我觉得这两个含义都凝聚在今晚我们相聚的时刻。

我看到艺术家胡赳赳先生为大董设计的"美"字。我突然觉得那里有个笔触藏了一个东西,就在草字头下面、大字之上。其实那个字在我看来是两个字:一生。也就是说,当大董把他一生全部的创造力、全部的热爱,注入到微小的草字头底下的时候,他一定会支撑起一个宏大的世界。

对"董"这个字,我不知道大家有什么感觉,我记得小时候看这个"董"字,觉得笔画太多了,很难写。我的一位老师说这个字其实很容易记住,它的笔顺为草—千—里。草字绵绵不绝,带着希望,带着廉洁,这就是为什么几乎所有形容离别的古诗词中都有草,因为包含"天涯何处无芳草"的意思。

互联网使我们没有了分别,你走到哪儿都有它,就算你离开了,因为有它在,所以你始终没有离开。"董"字实际上就意味着友情始终在这里。只要大董在,不管他走到哪里,他就像绵绵的青草一样连结着我们,把快乐、想象力、创意带给我们。作为老朋友,我想借这个机会感谢大董对我们的厚爱,因为有了大董,我们在北京,我们在中国,才能把真正的文化"吃"进去。因为大董是唯一把二十四节气从历史中视觉化、嗅觉化、触觉化的。只有这样，我们才让二十四节气这个在历史中静态的东西生动起来，像千里的草一样绵延不绝，并流传下去。

无论大董走到哪儿，我们一定跟到哪儿，因为连结我们的是草的友情，它既卑微又充满着生命力。"董"字中最重要的构成是"重"，这份厚重和千里草，实际上是把草和千里放在一起。这份厚重，也必将和我们一起留在记忆中，伴随我们的生命。今天，我从书中找出清末朴学大师俞樾先生的两句话赠予大家。

在一个严寒的冬天，晚上下着的雨突然变成了雪，那时俞樾的人生已经到了暮年，悲凉的境遇下他自问人生的意义何在。他想到虽然寒冬来临，但是人的生命和希望就像春天一样，一定会重新迸发出来。当时他给朋友写了一封短信，信中他写下两句诗：且喜客传谰语好，行看泰运共阳回。那天正好是冬至，意思是说冬至来了，春天还会远吗？

在今天这个欢乐的气氛中，大家频传的谰语就是天南地北的挑战，这个挑战是为了什么呢？是为了边走边看。当我们重新发现一个新的场所的时候，大董所有的气运就像横空的艳阳一样回暖。最后我用两句愉悦的诗句作为今天发言的结束：哪里有大董，哪里就有我们；哪里有我们，哪里就有大董。

品牌

"六单"男人

大董懂你

餐饮行业属于勤行,不仅人要勤快,思想更要勤快。多年来,我的工作和生活早已合为一体,工作就是生活,生活亦是工作。我个人的生活也代表了品牌背后的内涵。

近期流行所谓的"人设",在我看来它是一个品牌内容的标签,大董本人的人设也与大董餐饮品牌息息相关。大董餐饮虽然以美食立足,但品牌希望传递的是一种对美好生活品质的追求。

代表大董生活品质的"六单",就代表着品牌。

第一"单":酒

单一麦芽威士忌

从爱喝单一麦芽威士忌到研究单一麦芽,其实还包括对其他酒文化的探索,如白兰地、葡萄酒、清酒等,我都要亲自去探寻。我去法国马爹利酒庄看干邑的酿造过程,去苏格兰看威士忌酿造,去日本看清酒的制作工艺,这已经不局限在一个厨师的角度了,而是从经营的角度观察,做到美食与美酒的互通。

第二"单":茶

单丛

如果说单一麦芽威士忌代表酒的领域,那么第二个"单"——单丛,当然也不仅代表了单丛,而是整个茶文化。论饮茶,我最喜欢的就是凤凰单丛,其香味丰富有层次,饮时口舌生津,回甘迷人。深入研究单丛的过程,就是我在美食领域里对茶的探索过程。酒与茶,可谓中国饮食文化中的两大支柱。

第三"单":摄影

单反相机

摄影，是一种对审美的训练和培养。摄影，让我们整个团队提高了对菜品的欣赏能力。

最早，我们邀请外国摄影师来拍摄菜品、设计菜单，后来，我们自己的团队成熟起来，去世界各地采风的时候，厨师们拍的照片也都非常专业，独特的审美力也形成了大董品牌的视觉风格。团队从开始使用的索尼、佳能、尼康、徕卡、哈苏等相机，一路走到摄影器材的最高峰。作为世界中餐业联合会名厨主席，我和大董企业肩负着培养和提高全国厨师整体素质的重任。

当时我带领身边的厨师学摄影，一开始大家都不太理解，一个做菜的天天拎着相机干什么？我在讲课时，新开辟了一堂课叫作"厨师也要学色彩"。我认为，厨师不仅烹饪技能要好，在菜品的呈现上，同样要和世界接轨，要符合国际审美，引领大家更精致地去生活。

怎样在饮食上更精致地生活？这是厨师的一个责任，他做出的菜品要引领消费者提高餐饮审美，那么厨师的审美能力先要提高，才能有真正的变化。

所以我要求团队中每个厨师都要学摄影、学构图、学色彩，能够把菜品的呈现，在器皿、色彩、口味等方面，整体更上一层楼。如今的大董，不管是线上还是线下，所有菜品图片都由自己团队拍摄，这是培养团队10年后的成果。

第四"单":健康

自行车(单车)

自行车是健康的表达,骑行是很好的运动方式。我自己买了自行车,也给很多员工买了自行车,并组建了一支车队,健康又环保。后来我因为身体原因骑不了车了,但在企业里,我始终提倡绿色骑行。

第五"单":独立

单耍

这是我对社交的一个态度,不阿谀奉承,不追逐名利,不在行业里扎堆,我就是我,大董就是大董,不做乌合之众。单耍,不是指不与人交往,而是要做有效社交。我更愿意把时间花在对精神和文化的追求上,花在与各个行业精英们的交流上。企业做到最后,拼的其实是文化,而不是效益。

第六"单":态度

单身

这是一种自嘲。在40多年的职业生涯里,我99.9%的时间都在工作,从未休过一天假,从未在家吃过一次年夜饭,对于家庭，对于孩子，我有很多陪伴的缺失。但餐饮就是这样一个行业，要想把店做好，就要付出代价。我不知道今天是星期几，也不知道今天的日期，每天天一亮就是工作，全靠秘书以每两个小时为单位来管理我的工作时间。

正是这六个"单"，帮助我打造了大董这样一个行业领先的品牌。

品牌

大董的八个品牌

大董依据清晰的市场分析和战略规划，将马斯洛需求层次理论应用在餐饮行业，人们首先要满足生理上吃饱的需求，再逐渐追求更高的品质，比如追求用餐的体验感和文化感。大董企业的八个品牌，就是按照不同的消费和用餐需求设计的。

首先要说的品牌，是2022年新升级的一个品牌，叫"美·大董海参店"，是大董品牌中最高级别的，采取预订制，人均消费2000元左右。大董的葱烧海参沉淀了很多年，终于可以作为一个独立的品牌来经营。这家店，是一个充满后现代主义之美的空间，简洁的线条极具东方的简约与克制，浓郁的色彩又有国际化表达，大董的意境之美在此充分体现。

第二个品牌是"大董"。这是一个面向商务宴请和家庭聚会的餐饮品牌，人均消费 800~1000 元，在大董系列品牌中顶天立地。不管是用餐环境还是出品服务，整体的用餐氛围和体验感都是高端餐饮的风向标。

第三个品牌是"小大董"，更为年轻化，时尚中有典雅，既国际化又遵循传统。小大董面向都市白领，人均消费 180~200 元，出品理念是时尚、轻奢、轻松、潮流。2021 年我们打造出小大董 2.0 版"Rhapsody·蓝调北京"，更是传递了这个理念。

第四个品牌是"董小味儿"，价格优、出餐快，人均 50 元左右，满足工薪阶层的用餐需求。这是一个充满北京味道的快餐厅，可以吃到炸酱面、葱爆牛羊肉等地道美食，用十分之一的价格享受到大董的品质，很受在餐饮上没有太多预算的人群喜爱，是吃好吃饱又不贵的快餐品牌。

第五个品牌，是北京火锅高端品牌"浣霞供"。得名于南宋林洪的"拨霞供"，为《山家清供》名馔，实兔肉火锅之谓。兔肉薄片在锅中，翻滚如山间晚霞。有诗为证："浪涌晴江雪，风翻晚照霞。"大董"浣霞供"，以追宋人雅致，谓之烟熏牛肉鲍鱼火锅，红霞可浣，名鲍当供。在北京传统火锅的基础上做了符合时代的改变，调整汤底（老姜昆布山泉水清汤底），升级食材（烟熏雪花牛肉、帝王蟹等），人均消费1000元，为追求健康的时尚人士，提供一个潮流去处。

第六个品牌是"董到家"，这是大董的产品品牌，主要扎根于网络。产品中占较大比例的是礼品，融合了节气和节日的需求，如烤鸭礼盒、月饼礼盒、粽子礼盒、新年大礼包、家宴礼盒等。同时也有一些如炸酱、玫瑰饼、绿豆饼等小礼盒，可以平日自用或当作伴手礼。这些产品的设计灵感来自很多客人在店里吃完饭后，随手会带走两瓶大董炸酱，我们看到这样的商机，就成立了这个品牌。

第七个品牌是"一见如初"到家美食。可以说这是一个零资产、零房租，甚至零人工的品牌。"一见如初"是什么意思呢？这是人际关系最理想的状态，像初次见面就有好感的人，像一见钟情，多年后再次遇见，依旧像第一次见面那样单纯、互有好感。这个品牌满足了不能到店用餐或者要求有私密用餐空间，但依旧想品尝到大董美食的人群的需求。小到两个人，大到8~10位、20位，甚至上百位的到家美食，我们都承接过，包括企业规模的周年庆典，最多一次服务过1000人。大董在北京、上海、深圳、西安都开有餐厅，在这些店面的基础上，可以随时抽调人员去服务到家美食，满足客人无法到店的宴请需求。

第八个品牌是"大董美食学院"。作为世界中餐业联合会名厨主席，大董肩负着对全国厨师素质的培养、烹饪技能的训练等重任。大董美食学院对外作为一个面向专业厨师培训的机构，烹饪色彩学的课程也是在这里完成的。对内则承担着大董企业各品牌的人员培训、领导培养、产品研发等责任。

八个品牌，代表了八种业态，满足了不同的人在不同时间、不同地点的不同需求，遵循的是多维度、有内在逻辑的经营思路。

要做一家"欺客"的大店——

客人可以选择你，你也可以选择客人

　　店大欺客，这个"欺"并不是真正的欺，而是说餐饮人要做出自己的专业度，让客人对你有信任感。从另外一个思路来理解，就是品牌要有个性。大董每一家店的门口都会立一个牌子，上面写着"衣冠不整者，谢绝入内"，这个牌子足以说明品牌的自信，我要打造的就是一个高端、尊贵，同时受人尊敬的用餐场所。

　　不管哪个行业，企业要有说"不"的能力，能有拒绝不合理事物的底气。大董一直在引领客人尊重用餐氛围，我们竭力为客人提供高级优雅的用餐环境和精益求精的出品，同样，我们也希望客人能尊重餐厅，因为有素养的客人无形中也构成了美好环境的一部分。如果你穿着短裤，趿拉着拖鞋，言行举止粗俗，我们是不欢迎的，因为这样对那些穿着得体来店里用餐的客人，在情感上非常不公平。同时，对厨师和服务人员的努力也是不尊重、不匹配的。所以，我们很坚定地把牌子立在门口，这是我们作为商家，对品牌的坚持。

这就是所谓的店大"欺"客，但这个"欺"不是欺负的欺，而是互相尊重、双向选择的意思。

2008年北京奥运会，大董南新仓店每天晚上都是人头攒动，大厅里有很多排队的客人，每个人都自觉地取了号在等待，我们的等位区有免费供应的葡萄酒和饮料，大家都在耐心地等待服务员叫号。忽然有一个大汉穿着背心裤衩，甩着胳膊径直走向一张刚收拾好的桌子，自顾自地坐了下来。由于人多繁忙，员工们都没有留意，直到有客人提醒，服务员才发现。我跟了过去，那位大汉拍着桌子叫服务员给他拿菜单，我便对他说："对不起先生，外边都在排队，您需要拿号。"那人就开始骂脏话，大意就是有桌子空着为什么不让人进来坐，我说："先生，第一，您不能在我们这里说脏话。第二，大家都在排队，您不信可以跟我出来看一下。"尽管我们礼貌地和他交涉，这位客人依旧叫嚣着无礼对答，最后我向对方明确表示拒绝提供服务。

我们的对话，整个大厅都听得见，处理方式大家都看在眼里，最后那个人气哄哄地走了，客人都站起来鼓掌。所以，我们应该理直气壮地把事情说清楚，不能任人在店里胡作非为，这是大董品牌给员工的自信。

这么多年，我们遇到过好多类似的事情，有客人喝多了对服务员不礼貌，说话骂骂咧咧的，这种情况我们是绝对不允许的。大董坚持——你可以不来，但来了就要尊重我们，尊重员工，尊重这些为你服务的人。如若不然，再有钱的人我们也不提供服务。

餐饮行业属于大面积与人接触的行业，极其需要沟通能力和高情商。对待客人，无论出现什么情况，我们都柔和而坚定地回应，尽管忍耐和克制是服务行业保持品牌体面的方式，但遇到影响其他客人且触碰底线的行为的时候，就必须果断拒绝。

客人需要找到合乎他们要求的餐厅，餐厅亦想遇到尊重服务行业的客人。

品牌

被模仿,也是一种幸福

2002年,团结湖北京烤鸭店改制,更名为大董烤鸭店以后,"大董"就开始了品牌之路。

团结湖店是大董的第一家店,2006年开业的南新仓店是第二家。在南新仓,我们通过不断地研发创新菜品,真正确立了大董中国意境菜的理论体系,使大董品牌实现了华丽转身,成为家喻户晓的餐饮名牌企业。这跟大董中国意境菜体系的形成,有很大的关系。

在餐饮行业里,大董中国意境菜是备受关注的新兴事物,它已经不再是单纯的地方菜系了，如鲁菜、粤菜等，而是一个新的料理流派，属于大中国菜的概念范畴。大董的出品，在味美的基础上，对色彩的关系有了更深层次的研究和表达。正是这种充满美学意味的摆盘呈现，在餐饮业内掀起了学习大董的热潮。

一时间在全国一、二线城市涌现出不少餐厅，出品不再是川菜、粤菜等单一菜系，不再将自己框定在某一个特定的菜系里，而是做融合菜，做大中国菜，这些都是大董中国意境菜问世之后，给行业带来的影响。

尽管这些餐厅以融合菜、创意菜、新京菜、大中国菜等来命名，实际上都能明显看出是在大董中国意境菜的影响下做了一些变化。尽管没有用"意境菜"的名字，但我们把这种现象看作是市场对大董中国意境菜的认可，也说明了大董正在成为业内的现象级风潮。

除了名字，菜品同样也被模仿。大董中国意境菜里的"江雪糖醋小排"，从造型到撒糖粉，以及上桌时服务员介绍"千山鸟飞绝"的操作步骤，都被争相模仿。番茄脆菇沙拉、话梅淮山、樱桃鹅肝等，更成为被新兴餐饮品牌模仿最多的几道菜。

很多厨师跑来大董学菜，为了得到大董的菜单更是想出各种招数，有用手机拍菜单的，有直接带着行李箱把菜谱装上带走的，甚至有一些同行，把翻拍的菜单直接印刷成自己餐厅的菜单，这也是我们后来把菜单开本越做越大的原因。

但是有些餐厅把烤鸭直接叫作"大董酥不腻烤鸭",有些人自诩为意境菜创始人或者意境菜领军人物,甚至某些餐厅的菜谱中出现了"大董包子""大董排骨"等各种以"大董"命名的菜品,这对大董品牌产生了负面影响,我们会严肃地向对方发律师函。如此种种,啼笑皆非。

我们禁止抄袭,但对模仿大董菜品的厨师和餐厅,从正面看,我们认为也是一件好事。首先这是对大董中国意境菜的认可,看到了大董中国意境菜的市场价值,才会有这样的跟风和模仿。其次,作为世界中餐业联合会名厨主席,我肩负着引领中国美食烹饪不断向前发展的重任,只要模仿得好,模仿得漂亮,也是行业的一种进步。

大董是引领市场潮流的企业,也是具有大格局、大理想、大抱负的企业,我们希望有更多的模仿者和超越者,共同推动中国餐饮行业向前发展。

品牌

我如何定义"匠人精神"

有时我接受采访或者受邀参加某节目,主持人总会谈到"匠人精神",认为我是厨师里的匠人。关于这个话题,我认为这其中有一些模糊的概念,要理解匠人精神,我认为首先得弄清楚"匠人"和"匠气"的区别。

匠人,是指专一认真、心无旁骛地去钻研,做好一件事情的人。我专注餐饮行业40余年,从这个层面上来说,的确是一位匠人。然而做事的时候,我却一直秉承不能太有"匠气"的原则。所谓"匠气",是指因循规蹈矩、堆砌和模仿,缺乏自己的思考和理解，呈现出来的产品没有灵魂、死板。就像过去烹饪比赛上，选手们沉浸在那种雕龙画凤的刀工比拼中，既脱离了以味为美的原则，又严重禁锢了创意和思路。

如果说把刀功、雕功作为厨师的基本功来重视，我可以接受，烹饪行业要进步，就要避免把过多的精力放在这上面。传统的手艺需要传承，但不能盲目守旧，要根据时代需求去创新。要有匠人精神，但要避免匠气，说得通俗一些，就是要有自己的思考。

大董中国意境菜中的"意境"二字，旨在远离匠气，注重色彩搭配、食材搭配、留白空间，每个步骤都激发着制作者的灵感，需要他们不断去思考。

我推崇的匠人精神，是专一地在一个领域中做到极致的精神。老字号同仁堂有一句话，叫作"炮制虽繁必不敢省人工，品味虽贵必不敢减物力"，这是对品质的要求，是从业者的责任，是一种匠人精神。餐饮行业也同样，要有出品质量的保障。大董餐厅的出品理念是健康、美味、个性，除此之外，还应该再加上"安全"，这是一个好餐厅的自我要求。

匠人精神，也包括走在时代前端的研发能力和研究精神。几年前，新疆维吾尔自治区博尔塔拉蒙古自治州的州长送来几条产自赛里木湖的高白鲑，希望大董帮助研究，扩大市场，帮助产品走出新疆。这种赛里木湖的冷水鱼，生长速度慢，并且出水就死，若运到外地销售，口感就会变得不好，传统上只能在当地吃，所以销路一直都不好。每年一到开湖的时候，州长就用物流冷链把鱼送过来，大董团队经过两年多的研发，水蒸、油煎、火烤，十八般武艺全试了个遍，结果还是不尽人意。

但是大董最引以为傲的优点，就在于能不断地学习国际烹饪新技术，团队经常与国外名厨互相交流，去他们的工作室学习。我们是国内第一个采用西班牙分子厨艺的团队，也是将低温慢煮技术引进国内运用到菜品上的团队。我们尝试用低温慢煮的方法来处理高白鲑，结果大获成功，鱼肉保持着鲜嫩和弹性口感，加上刺少，非常受市场欢迎，菜品一下子打开了销路。我们给州长发信息说研发成功了，他激动地老泪纵横，鱼终于有出路了！这道菜的研发成功，除了餐厅多了一道菜之外，还为促进地方经济做了贡献。经过这件事，让我们意识到在自己的专业领域中做到最强，如果同时还能服务于社会，多了一份使命感，那就是更高层面的匠人精神。

这道赛里木湖高白鲑，口味好，口感辨识度高，且价格宜人，重复点击率非常高，即有很高的复购率。鱼需要提前预订，物流冷链空运，以前是卖不出去，现在是供不应求，往往鱼还没送到，就都预订完了。为此州长特意来到北京表达谢意，授予了大董"新疆博尔塔拉蒙古自治州荣誉州民"的称号。

匠人精神体现在每一道菜上，就是不满足于继承，而是在继承上不断琢磨、改进、创新，熟能生巧；还要广取博收，不断吸纳，融会贯通，以至于能创造，并到达一个高度。

在其他方面，比如我爱摄影，我就买相机研究摄影，不仅自己买，也给团队买。有些人说大董这是在显摆炫耀，其实，我们买相机学习摄影，是为了服务于工作，培养团队审美能力。不管到哪里，大董团队都必须人人带着相机，拍一些东西，回来一起研究学习。另外，《一日一菜》专栏我坚持写了1000篇文章，我把这个就叫作"新匠人精神"。

大董美食学院：体验、传递与转化

音乐大师瓦格纳梦想的是总体艺术作品，即在一种艺术中完美地实现这种艺术。风格派立志把我们的外在环境和生活改造为艺术，也通向总体艺术作品。如果说他们的出发点是听觉和视觉，大董则是第一个从味觉出发的总体艺术梦想家。从美食出发，他不仅致力于提升味觉的层级，更是力图建立统合色彩、构图、影像、诗词、书法、设计、景观、精进工艺、造型艺术乃至美食鉴赏力培育的总体味觉体验艺术，而其结晶不仅体现于菜品，更体现于超越菜品本身的场景和意境，在一种艺术中实现了各种艺术。

上面这段话,是著名乐评人郝舫老师写给大董的,被镌刻在了大董美食学院的入口处。这是郝舫老师在鼓励大董,也是大董想要表达的东西。

大董企业发展到今日,已经不满足于烹饪了,我们想要把色彩、构图、诗词、书法等文化艺术通过时尚潮流的语言,用烹饪这个介质来表达。

为了实现这种表达,在寸土寸金的餐厅楼面,我们将原有的五个大包间和一个大厅改造成了大董美食学院,这个空间,不仅展示了企业理念和文化,更有很多实际的功能。除了大董办公室,我们还规划了各职能部门如人力资源部、市场部、服务部、督导部、厨政部等办公工位,以便部门能集中办公,很大程度提高了工作效率。

企业发展到一定阶段,我们需要牺牲一些营业面积,来做企业文化的建设,更要考虑办公的便利。过去我们没有集中的办公室,所有面积都让给餐厅经营,导致有些时候要开个当面的会议,就需要打电话把人从四面八方的分店里叫过来,往往开会五分钟,路上交通两小时,浪费了很多时间和精力。

大董美食学院还是线下培训的空间,无需再占用店里的业务场地。我们定期有厨师和服务员培训课、菜品研发课、烹饪色彩学课程、二十四节气新菜品发布会等,都可以在美食学院里完成。这里甚至还设有一张"大董餐桌",满足30人以内的VIP客人宴请需求。所以,大董美食学院是集办公、艺术出品、研发、培训、线上直播、拍摄、企业大学等为一体，综合企业所有性能的空间，是多功能的载体。

  这是承载了餐饮人终极梦想的地方。学院里有开放式的厨房，全部都是高精尖的设备，有世界上最专业、顶级的烤箱、蒸箱、餐具，能够让食物达到最佳的状态，可以让厨师们在这里施展自己的才华，通过学习、研发、培训，达到自我实现。这是品牌的提升，也是企业发展的里程碑。

品牌

我们不做超级品牌

大董企业要高调做事,低调做人,在行业里可以是龙头,但不当老大,这是我们企业和我个人在内心的一个约定。

高调做事,指的是我们不断精进美食理念、烹饪技术。目前,大董烤鸭已经发展到 5.0 版本,是默认的业界标准,已成为新北京烤鸭的代名词。在行业中浸润这么多年,传统哲学思想始终让我保持一分谦逊和警醒,现代管理学和经济学理论,早暗含在我们的传统文化中,比如"木秀于林,风必摧之。"

这句话大家都知道,从商业定价上体会这句话,就是价格的设定要讲究艺术。不管在哪个领域,商品都分为引领的和跟随的,除了少数的引领商品之外,其他大部分的商品都是跟随者。这里的跟随有两个方面:概念跟随和价格跟随。

概念跟随,是指一个开创市场的产品受到欢迎之后,别的品牌也跟着做类似的产品。

价格跟随,通常指由概念提出者来制定价格,其他人跟随价格。从经营和市场互动来说,跟随价格是比较稳妥的,即不做最贵的那一个。

事实证明,大董在创业初期,选择价格跟随是非常正确的。烤鸭在当年是餐饮中的奢侈品,我们的定价永远跟随在行业老字号之后,逐渐从58元一只涨价到98元一只,当市场上最贵的烤鸭涨价到118元一只的时候,我们就再也没有变过,四舍五入,去低不就高,始终保持在98元,在当时的市场氛围里,我们的烤鸭定价坚持不超过100元一只。在品牌市场成长期,价格跟随是非常必要的。但是当企业成长起来,有绝对的品质和品牌声誉的时候,就有余地调整价格了。

低调做人,大董企业一直强调首先要把分内事做好,再去肩负社会责任。我任职世界中餐业联合会名厨主席,肩负推动中国美食文化发展的重任,让中餐烹饪更国际化,更符合时代的需求。

二十年前,"大董"还只是北京烤鸭店,没有形成自己的体系和逻辑,改制成"大董"后,逐渐建立起大董中国意境菜体系。大董中国意境菜不是一个菜系，而是一个流派，发展到今日，深深地影响了中国餐饮界。这10年来，烹饪业界涌现出很多融合菜、新派菜、新中国菜等，可谓欣欣向荣。

　　当年，我曾经有一个想法，非常想把餐厅打造成旅游餐厅，可以一劳永逸，永远不改变，全国这么多人口，只要每人来吃一次，就已经是很大的生意（这是一个不成熟的想法）。但我们注意到市场已经发生了巨大的变化，交通足够发达，商品足够充裕，但我们的商圈却越变越小了。

　　随着城市的发展，时间成本变得越来越高，直接影响餐饮业的就是消费就近不去远，在这样的情况下，如果产品再不改变，不精致或者没有创意，就会被市场抛弃。做旅游餐厅的想法是不可取的，那么餐厅就需要依靠客人的重复消费，这对品质和服务提出不小的挑战，因为当客人的要求高于你的理念时，你就会陷于被动，就有被市场抛弃的危险，就会出现问题。这也是要推陈出新，保持改变和进步的原因。

　　正因为有这样的认识，在发展的过程中，大董企业始终尊重行业，保持谦卑，日日精进，如履薄冰，如临深渊。做好事情远比江湖争霸重要。

品

牌

Gastro Esthetics——秀色可餐

2021 年,大董烤鸭店(南新仓店)正式更名为美·大董海参店,这是我们在"后疫情"时代作出的一次品牌升级。我们将整体环境做了重新装修,以红色和黑色为主色调,突出线条感,打造高级私密的用餐氛围,用餐形式也从步入式改成了预约制。

真格基金联合创始人王强老师这样解读美·大董海参店:20 世纪 70 年代,超现实主义艺术家萨尔瓦多·达利在巴黎掀起了一场引人注目的"美食运动",他将其称之为"Gastro

Esthetics"。1973年，六十八岁的达利出版了献给妻子卡拉的超现实主义著作《卡拉的盛宴》。这本书中，色彩斑斓的图片与插画令人眼花缭乱、垂涎欲滴，书中呈现了由巴黎三家顶级餐馆主厨精心准备的一百余款"超现实美食"，昭示了"新的饮食之道"，探索了饮食与艺术毫不违和的种种"可能性"。

Gastro Esthetics 这个词汇组合来自达利的艺术创意。来源于希腊文的 Gastro 原义为"胃"，之后在西方语言中引申为"食物"，"美食学" 即 Gastronomy/La gastronomie/Gastronomía。Esthetics 取自"美学"的美式拼写，同时取此词同"美容术"的联系，把食物的质与形、内与外超现实地联姻在一起，表述了达利对"食"的思想——"一个人可以选择不食，却不能食之潦草。"在七岁时立志成为一名大厨的达利看来，饮食之道不仅关乎哲学，亦关乎美学，更关乎神学。

Gastro Esthetics 当然可译为"美食美学"，这两个词神奇的配搭更令人不由得联想到"胃的美容术""胃的美学"。但我想，汉语中的"秀色可餐"如果只作字面意思解，甚至就像是在专门等待着这两个外语词汇的到来，而且是在大董意境菜的正殿里。

美·大董海参店的英文 Gastro Esthetics at DaDong 就此应运而生。

大董烤鸭店升级为美·大董海参店，"美"字从何而来？

美，源于"董大"二字。

我的好朋友胡赳赳老师为大董设计了"美"字,他将"美"字上下拆分,意为"董大"。既有唐代高适《别董大》"千里黄云白日曛,北风吹雁雪纷纷。莫愁前路无知己,天下谁人不识君?"的豪迈豁达胸襟,又与费孝通先生关于美的理念巧妙结合,因而"各美其美,美人之美,美美与共,大董大美"。

王强老师对"美"字有另一番理解:草字之下,有大美。一个"董"字,带着绵绵"千里草",连接每个人。把二十四节气视觉化、嗅觉化、触觉化,绵延不绝、经久流传。董字如重,这份厚重,与我们一起伴随着生命不断延续。

品牌升级的初衷源自我们企业的宗旨:大董旨在全心全意为人民高品质生活服务。后疫情时代的餐饮,是一种"新餐饮",餐饮界必将迎来品牌的巨大变革,如正餐的精致化、标准化,茶饮的丰富化、视觉化等,精细且垂直划分,拓展了餐饮市场的多元方向,同时促进了消费升级。

小而美、专而精,垂直更保证了品质,大而散的餐饮模式已经属于过去式。消费场景的设计也成为创新的要点,成为为品牌赋能的助燃剂。对顾客来说,这样的设置下,消费也将更加有目的和精准化。

经营理念的确立,既要发挥传统精粹,又要时尚创新。新与旧相互裹挟,是变化中的不变。大董永远不满足于当下,永远在顺应时代变革的路上,探索、创造出更多极致美食。

品牌

04

MANAGEMENT

员工

大董:听我的,就对了

大董企业内部流传着三句话:

师父教得好;

师父说得对;

都是师父的。

师父,指的就是大董,这三句话不是搞个人崇拜,而是说明了在公司内部,强化公司理念认知的重要性。

经营高端餐饮，品质优异、产品独特很重要。北京有一家非常知名的餐厅叫丰泽园，是京城鲁菜老字号，一说起丰泽园，大家就会想到它的招牌菜葱烧海参。他家海参原材料的品质非常稳定，是由特定产区的供货商供货，形成了产品独享。除了原材料质量好之外，葱烧海参的烹饪手法也非常讲究。虽然北京有很多家鲁菜馆和高级饭庄，但只有他家的葱烧海参能够鹤立鸡群、出类拔萃，形成名牌口碑。

举这个例子想要说明，在高端餐饮行业里，见识广是非常重要的。经营海参的餐厅，厨师和经理对海参的认知一定要比客人多，见识比客人广，才敢站在这里服务客人，不然若被客人问倒，餐厅和产品就很难有说服力。所以大董企业一直强调：只有自己见识过最好的，才能给消费者更好的。

当今客人们很不一般，加上网络时代信息发达，获取知识的能力更加迅捷，庞大的客群里卧虎藏龙。在大董的客人中，很多都是来自各个行业的精英，有艺术家、美食家、律师、医生等，每一位都是见多识广的专业人士。这就要求我们不断地走出去开阔眼界，提升自己，才能源源不断地为客人创作出更具说服力的菜品，维持品牌在市场的竞争力。

所以，文章开头的三句话，说的就是大董作为企业的领航者，得益于从业四十余年积累而来的知识，见识和眼光一定要比其他人都多，要凭借专业的见解成为引领企业的力量，帮助员工少走弯路。

比如鲍鱼，有鲜鲍鱼和干鲍鱼之分，干鲍鱼是鲜鲍鱼的干制品。鲜鲍鱼一般可以煸、炒、涮。鲜鲍鱼的品种，中国有辽宁的长海鲍，山东烟台长岛鲍等，国外有澳大利亚的青边鲍和新西兰的黑金鲍。

干鲍鱼的品种，有日本的"吉滨鲍"、"网鲍"、"窝麻鲍"，然后是南非鲍、中东鲍。近年，澳大利亚也做干鲍鱼。中国的干鲍个头都较小。曾经，20世纪80年代高级餐厅里大量用墨西哥的罐头鲍鱼，干鲍鱼里，只有日本吉滨鲍鱼才能有"溏心"的状态，"溏心"就是像高粱饴糖般黏软。

干鲍鱼一般用"烧"法，著名的菜品如蚝油鲍鱼，或者用在福建名菜"佛跳墙"里，山东的"全家福"里，广州的"盆菜"里。我曾见过北京谭家菜里的"红烧日本两头窝麻鲍"。

鲍鱼的"头"指的是规格，即一斤（500克）称重几只鲍鱼，比如，一斤称2只，就是2头；如一斤称8只就是8头。鲜鲍鱼和干鲍鱼滋味差别巨大，鲜鲍鱼一般用"鲜嫩"来形容，干鲍鱼则是用"柔软"来形容。

每个产地、每种鲍鱼的价格区别也非常大。每个产地的鲍鱼有不同品种，每个品种有不同头数，每个头数的鲍鱼要想知悉它的性状、滋味，没有三次以上的品鉴怕是不能知其然。对所有鲍鱼都了如指掌，这是一个浩大的工程，需要巨大的金钱作支撑。

从业四十余年，大董一直坚持每年带徒弟们去世界各地看食材,体验国际最潮流顶端的餐厅,走过、看过、吃过、懂得、会做,能说出来、写出来,这是时间、金钱和见识积累出来的大董。只有见识多了,才能拥有更宏观的视角。

我写了1000篇《一日一菜》,每天写一篇,每篇写一种食物,从不间断。文章发表在社交媒体上,比专业作家写得还多,这些文字与写作者自身积累的经验和见识分不开,因为你永远要比客人多知道一点,才能满足他的要求。

所以,回到开篇的那三句话,其实不是刚愎自用,而是员工必须要相信企业领导的见识,相信他的能力,相信他的决策,认同他的"三观",朝一个方向前进,这是大董的企业理念。

为客人点菜的黄金"四的"

如何让更多的人知道和理解大董的四季菜品，服务员点菜是一个直接并且重要的窗口。但是让服务员给客人推荐菜，又是一个非常难的事情，因为他们的见识和经验都有局限。所以需要让他们了解企业文化，了解菜品知识，从何处入手，是很重要的。

我总结了大董点菜四大原则，简称"四的"。不管是经理、服务员还是业务人员，都要经过"四的"培训。对最好吃的、最招牌的菜品、季节时令，以及周期销售排行榜都要了然于胸。

大董点菜"四的"：一、招牌的；二、时令的；三、客人不懂的；四、客人喜欢的。

第一，招牌的＝必定要尝

我去餐厅吃饭，都会问服务员你们家的招牌菜是什么？经常听到服务员说："我们家招牌菜挺多的"。我接着问："你们家最好的招牌菜是什么？"，通常这个时候，服务员就会说："麻婆豆腐、鱼香肉丝都是"。很显然，他把"卖得多的菜"或者"便宜的菜"和"招牌菜"搞混了。

招牌菜与卖得多的菜或者价格便宜的菜不是一个概念。招牌等于标志，是你以这道菜立足美食市场。招牌菜是别人做不过你的菜，是别人不能和你比的菜。招牌菜的核心是标志性，是无法模仿的，是企业的核心竞争力，是人无我有、人有我精的菜。

招牌菜，是客人愿意专程过来品尝的菜，通常是宴请的主菜。从经营角度来说，招牌菜的价格一定是高的，利润空间也是高的。所以点菜的时候，要明确知道餐厅的招牌菜是什么。

第二，时令的＝过时不候

比如螃蟹，我们一年四季都有，但并非同一种蟹，而是根据不同时令，有不同种类。每年春节以后就会上咸腌蟹；春天 3、4 月的时候，有阿拉斯加帝王蟹；6 月下旬开始有"六月黄"，六月黄就是大闸蟹的小时候；之后就吃青蟹的重皮蟹，也就是奄仔蟹；到了 8 月中旬是吃黄油蟹的季节；之后就是大闸蟹登场，可以连续销售几个月；12 月则吃"秃黄油"。一年四季，服务员要知道什么时候向客人推荐什么样的食材。

对于阿拉斯加帝王蟹，我们又研发出 5 款做法：花雕蒸阿拉斯加帝王蟹、普宁豆瓣蒜焗帝王蟹、涮帝王蟹、咖喱焗帝王蟹、青豆肉饼蒸帝王蟹。这些做法不止是对帝王蟹，只是举个例子说明。

向客人推荐招牌菜之后，第二个要介绍的便是时令菜，24 节气时令菜是大董中国意境菜的重要组成部分。时令菜等于过时不候，所以要及时向客人作推荐，让客人在对的时间吃到对的菜。

第三，客人不懂的 = 惊喜体验

这里面就有学问了，客人不懂的，其实不是真的说客人不懂，而是要给客人惊喜。大家都喜欢新鲜感，没见过的东西总是想要尝试一下。如果每次来，服务员推荐的都是同样的菜，那么你就离失去这个客人的时间不远了。所以要制造稀缺，时不时地有新品推出，就成为留住客人的唯一心法。大董这么多年还能在市场上占据相当大的份额和好的口碑，就是这个原因。

另外，让客人不懂还有更深层次的原因，就是要占据"心理高位"，如果你做的菜客人懂得，就会不断挑毛病，此时客人占据心理高位，客人就有了话语权。话语权就是定价权，客人失去体验感，餐厅的价值就会降低。让客人不懂，餐厅占据"心理高位"，才能做到店大"欺"客。

第四，客人喜欢的＝让客人有话语权

这个非常容易理解，就不赘述了，投人所好一定没有错，顾客上一次来点了什么菜，喜欢什么菜，经理们要记得，这次来就要先给顾客准备好，让客人感觉被尊重和优待。此时则需要把话语权交给客人，使他成为美食家。这就要求在服务客人时，一定要留心关注他们的口味偏好。

这就是大董强调的，每个经理和服务员都要掌握的点菜"四的"。

一个餐厅经理的自我修养

大董的高级经理,需要具备五种修养:制造稀缺、培育名牌、讲好故事、完善体系、带好队伍。

制造稀缺 = 目标营销

物以稀为贵,这句话放在什么时候都不过时,只要有人,只要有市场,就会追逐稀缺。就像钻石,如果不是因为稀缺,那么它就是一块普通的石头,再加上"钻石恒久远、一颗永流传"

的美的市场营销,让石头有了温度,赋予了它情感和更多价值。以前有一家粤菜餐厅,餐厅经理非常擅长营销,隔一段时间就会给我发信息,内容基本都是:"董总您好,这两天刚刚到了黄鱼(或其他食材),非常新鲜,就两条(或者就一条),您看这两天哪天来吃,给您留着。"我一听,这得赶紧去啊,不然就没了,所以他的生意也就做成了。

这就是一种以"稀缺"来营销的方式,当然那位经理总是非常诚恳地联系客户,不会让人反感。顺便说一句,我非常反对客人在餐厅吃饭时,服务员一上来就向客人推销储值卡的做法,这样做只会适得其反。好的餐厅经理会通过制造稀缺,为企业增加销售额,而不是生硬地去推销。

培育名牌=品牌理念

做市场,首先要做品牌,有了品牌,会令市场推广事半功倍。所以大董提出了做名牌要做"三名"的概念,即名菜、名人、名店。这三者之间是有顺序的,先有名菜,再有名人,最后是名店。

名菜的意思是一个厨师或一家餐厅要有自己的招牌菜,有带着自身鲜明特点的菜,有别人做不过你的菜,有了这道被人认可的菜,背后的厨师才会为人所知。就像在烹饪比赛中,首先看到了脱颖而出的菜,才会关注到做这道菜的厨师。餐厅也一样,有了几道可以镇店的菜,厨师才会得到认可,成为"名人",这家店才会被人喜欢、被人追逐,逐渐成为著名的品牌(名店)。

身为职业经理人,需要理解这三者之间的关系,要有意识地去打造名菜、名人、名店。

讲好故事 = 产品认知

大董有一句话,叫作"菜是越讲越好吃"。厨师菜做得好,不如服务员讲得好,更不如经理讲得精彩。菜做好是第一步,但如果没有人去讲解,客人也会吃得不明所以。如果用 100 分来评分,那么菜好吃只占 40 分,讲得好却能占 60 分。餐厅经理可以从菜品的由来、食材的构成和选择、烹饪方式、食用方法等方面为客人介绍,听完这些故事再品尝,比客人自己吃更有滋味,五感的体验会更强。所以,我们要求餐厅经理们要熟悉产品,要有对产品的深度认知,才能有根据地去讲菜。讲好菜的故事很不容易,这需要长时间去积累和体会,本身就是自我提升的过程。

完善体系 = 标准机制

这么多年,我们一直在不断编写和完善企业操作手册,从最初的版本到如今更新后的 4.0 版,逐渐将经营管理标准化,这样的操作手册既服务企业,又服务员工。手册图文并茂,分线上和线下两个版本,线上的用来培训和考核,线下的可以让员工利用空余时间去巩固学习。

优异的服务和菜品的品质，不能依靠人的情绪。实现中餐管理标准化，是完善大董管理经营体系的目的。通过自动化管理系统，不再依靠人的情绪去完成有标准要求的工作，用设备去处理人处理不了的事，比如半小时洗手打卡系统、人脸情绪管理系统等。

在菜品出品上，也分别针对热菜和冷菜制定不同标准，比如重量标准化，菜品的例份、中份、大份的重量和规格都可以做到标准分装。所有食材分成小袋包装，炒菜的时候厨师直接拿起分装好的食材，就可以做到标准菜量，不再依靠配菜厨师，让出品保持稳定。

带好队伍 = 培训考核

有了前面四项，最后一项就是带好队伍。大董美食学院的建立，目的就是做好领导队伍的培训工作。大董企业有定期的培训课程，比如烹饪色彩学课程、茶酒培训、服务礼仪培训、服务流程培训、菜品知识培训、管理知识培训等；也有内部的"大董杯"技能竞赛考核，比如厨艺竞赛、服务技巧竞赛等。对员工的晋升通道，一条是走管理线，另一条是走技术线，根据员工个人能力和特点，为其拓宽发展平台。这些都是为了提升管理层和技术标兵的能力与素养设置的。

具备了以上这五个要素，就能成为好的餐厅经理。

菜只有讲才好吃

大董餐厅在设计菜品的时候,需要考虑如何与客人互动,如何让顾客在用餐过程中能与餐厅形成连接,让餐厅不再是毫无情感地提供食物的场所,而是成为客人的五感记忆。

就像侉炖比目鱼这道非常传统的鲁菜,是秋冬季节非常受欢迎的菜,细嫩的鱼肉,热腾腾的汤,喝三口就能全身暖和舒泰。在这道菜的设计中,我们把胡椒粉、香菜、葱等调味料与汤分开,单独呈上桌,让客人可以根据自己的口味来添加。原本这道菜我们是在厨房调好味端上来的,后来考虑到众口难调,尤其是汤类菜品，每个人追求的咸度、辛辣度都不一样，有些人可能不喜欢吃香菜，有些人可能不愿意放葱，那么索性让客人自己来调味，DIY的过程中，既满足了不同的口味，也让这道菜变得有意思，菜品一有意思，客人就会觉得好吃。

互动的菜品，还有现场片烤鸭、片白松露、拔丝苹果等。最近"小大董"餐厅又设计出一款菜品"蓝调狂想燕"，盘子里是用燕窝、玫瑰糖浆做成的鱼子、西米，同时上桌的还有一罐用蝶豆花做的汤汁。客人在食用时，需自己将蝶豆花汤汁浇在燕窝上，最后再挤上柠檬汁。蝶豆花汤汁和柠檬汁发生化学反应，从蓝色变成粉紫色，此过程客人可以感受在没有任何添加剂的情况下自然的色彩反应，非常神奇和有趣。客人们都非常喜欢，尤其是年轻客人。

当然这样互动的菜品都离不开讲菜，大董常说，菜是越讲越好吃，因为理解了食物的构成、来源、烹饪方式、背后的理念和故事，会赋予客人更多味觉以外的感受。

在大董餐厅吃了十几年饭的老客人，有机会和大董一起吃过一顿饭，听了大董亲自的讲解后，会觉得味道和自己来吃的时候不一样，那是因为每一道菜，大董都会对食材的出处、同种食材之间的风土差异、制作方式、烹饪方法、出品的口味等一一讲来，让客人明白这道菜的特点和优势，将客人从饱腹层面上升到认知的层面来品尝菜品，才能够欣赏食物的特点和美食之"美"。

我们要求服务员在上菜的时候，一定要向客人介绍菜品。比如大董新推出了一道腌笃鲜狮子头，看上去和普通的狮子头无异，如果不向客人讲菜，可能大家觉得也不过如此，但是如果服务员或者餐厅经理去讲这道菜背后的故事，就会呈现出不一样的效果。

狮子头是淮扬菜经典，以肥瘦相间的五花肉为原料制成。传统口味对现在的客人来说有点油腻，于是大董餐厅根据四季时令对原材料进行改变和精进。春天做春笋狮子头，夏天做河蚌狮子头，秋天做蟹粉狮子头，冬天做风鸡狮子头。有了这四季款的狮子头之后，又另辟蹊径地推出了腌笃鲜狮子头，这就需要服务员去向客人介绍和解惑。首先要介绍腌笃鲜这个名字的由来，其次要介绍这道菜源自江浙地区，再次介绍大董餐厅的这道菜是两道菜合二为一，一道是腌笃鲜，另一道是狮子头，我们用腌笃鲜的主要食材——咸肉，来代替一部分五花肉做狮子头，口感既鲜嫩，又不会像纯五花肉那么油腻。服务员一定要向客人讲明白这些细节，才能让大家理解我们的用意。

我身边有很多客人，第一次来大董就餐时会有很多犹豫和顾虑，不知道该点什么菜。那么我就会说："如果你相信我，就由我来安排菜单"，用餐过程中，也由我来说菜。大董的员工从来都是站在消费者的角度去安排菜单的，客人的预算如果是1000元，那我们就绝对不会收1001元，不仅不让客人超预算，还要让客人感觉物超所值。

消费者来吃饭，都愿意被尊重，所以不管是葱烧海参还是油焖大虾，我们都会和客人一道道地讲。讲菜会让菜更好吃，这也是这么多年来大董和客人的互动之道。

有一次一个20多人的外国团队来用餐，我们将菜品图片进行了投影，并为每个人打印了菜单，这些从世界各地来的朋友，有人吃素，有人不吃猪肉，有人不吃坚果，那我们就特意给每个人设计相应菜品。那晚的服务中，每一道菜都有详细的讲解，原来我们以为外国人不懂中餐，不知道该怎么吃中餐，但经过讲菜，连原本不吃这个不吃那个的客人都想尝试一下他们原来不吃的食材，这就是讲菜的魅力。

员工

未来已来,管理的数据化和科学思维

员工的行为习惯受情绪波动影响很大,出于对隐私的尊重,公司很难严格要求每个员工的行为。一个企业拥有成千上万名员工,若一个一个去管,既管理不好,又耗费时间成本,所以我们需要用一个规范来规避可能出现的差错。在数字化时代,不仅靠软件,也要有硬件。管理和运营如果能靠硬件和软件去解决,就不要靠人力。要用管理的数据化,用软件和硬件逐步替代人工解决。

做过管理工作的人都知道,管理永远是"按下了葫芦又起了瓢"，今天关注某几个问题，这些问题近期可能得到改善，但其他没有关注的事可能就会出现反复。服务员今天被客人骂了几句，明天谈恋爱了，后天又失恋了……情绪很容易不稳定。但是，高级餐厅又离不开人的服务，所以多年的管理经验告诉我，如果靠管理人员积极主观地去纠正问题，哪怕再有激情，都会力不从心。

曾经，大董每家餐厅的墙面、门板，都会被服务员推着的餐车不同程度地磕破，这里碰一下，那里撞一下。哪怕每天开会不断强调要注意保护墙角，避免撞到，但收效甚微。大家仔细研究这个难以解决的问题，发现这不是员工的责任心问题，而是设计问题——在墙面踢脚线上加装防撞条就能解决。如此简单的方法，不需要再每天向员工强调，节约了很多时间成本和沟通成本，从此一劳永逸。

还有，餐厅茶台也是为了提高服务员的工作效率而特别设计的，目的是让服务员在转身3米内能拿到频繁使用的服务用品，比如杯子、热水壶、茶叶等。这个茶台的设计就是为了减少服务员拿取的时间，从而提高服务效率。原本要跑五趟才能拿齐物品，如果把物品都放在同一个手推车里，一趟就能完成，最大程度降低来回跑的次数。

再比如，设计岛台的功能时，将冰箱、加热盘子、装垃圾的、收餐具的、烧热水的、制冰机、毛巾机、冰/热杯机、冷菜存放柜等都放置在一个综合大岛台里，更加高效。这些硬件都需要不断精进。

周全的硬件设计可以提高效率，减少无效沟通成本。软件则更能将复杂的工作简单化、数据化。随着企业规模越来越大，餐厅数量越来越多，库房管理就成了一项精细精准的工作。传统做法是给供应商发信息，需要十斤肉十斤葱等，供应商第二天给送过来。货品送到后，库管员一样一样过秤，手工记录，再录入到电脑，入库、出库，大件分装拆成小件，非常繁琐。所以十年前我就在想怎么能用软件去解决这些费人工的重复劳动，如何省时省力，比人做得更好。

能用数字化管理的、能解决的就是扫码入库。超市做扫码入库，因为大多都是包装类货品，比较简单。而大型餐饮想要扫码入库，可不是件容易的事。但是我们在十年后的今天研究成功了，所有货品都可以以称重入库，货品放在秤上就自动出现数据，形成二维码、一键输入就可以入库。出库也是扫码，出库之后到了加工间，比如说 100 斤牛肉加工后是 80 斤，这 80 斤要分装，再扫码入库，这就已经是半成品了。再次入库后，等要使用的时候再扫码出库，拿出来就是一道菜，这样做能实时看到成本、销售、库存，避免了人为差错。

我们在店里还设置了人脸识别的监控系统，可以抓取服务员的面部表情。每天观察数据，比如今天"抓"了 100 次表情，这 100 次中 50 次表情是微笑，30 次是没有表情，20 次表情是愤怒的，那么就可以从数据上分析服务员每天的服务品质，非常直观地提升服务质量。

另外一个值得分享的软件，是监控厨师洗手情况的。大董餐厅非常注重食品安全，与食品安全直接相关的就是厨师的手部卫生。规范要求厨师每半个小时洗一次手，不管你是一直在炒菜还是一直在切东西，因为每半个小时就有细菌滋生的可能。之前，总厨每半个小时会喊员工去洗手，但是谁洗了谁没洗，你是不知道的，或者这个人当时不在跟前，你也不知道他有没有洗手。

除了每半个小时要洗手，后厨的规则是从凉菜换成热菜要洗一次手，热菜换成凉菜也要洗手，倒完垃圾回来更要洗手，还有去了卫生间之后，这么多要洗手的时刻，靠人力去监督是不现实的。所以我们就用软件来实施洗手制度，后厨设置有不同的监控点位，后厨人员从垃圾房出来到厨房，有没有去洗手池洗手，会"抓"一次，如果没去洗手，数据统计就会有显示。

人脸识别功能可以统计员工每半个小时洗一次手的数据，一天下来可以分析制度的遵守情况，包括洗手的时长都有设置，数据的汇总在手机端都可以看到，这就很好地解决了洗手监管的问题。所以说，能用软件和硬件解决的问题，就不要用人力，更不要靠自觉。

大董的餐厅经理没有周六

作为餐厅经理,要时刻把握整个餐厅的大局。这里的"大局"不仅是指客人动态、员工动态,还包括随时关注上座率、翻台率、上菜时间,甚至哪桌客人有投诉等非常细节的事情。所以大董对餐厅经理的要求是,一上班进入工作岗位后,第一件事就是戴上耳麦,听取店里四面八方的声音:客人对服务的满意度、对菜品的满意度、上菜进程、整个服务的过程等,都要尽在掌握之中。

举个简单的例子,有些宴请的重要客人到了,保安或领位立刻会在耳麦里通知，餐厅经理就可以马上到门口迎接。再比如，收到一桌客诉，餐厅经理随时能听到服务人员的解决办法及解决进程，如果事件重大，可以第一时间去现场。

餐厅经理对餐厅的重要性，就在于实况掌控全店，能及时发现和处理问题，这样就不会把小问题放大，大问题变得没法处理。

餐饮行业，周一到周三，生意相对比较平和，到了周五周六这两天，就是业务最忙的时候。作为一线管理者的餐厅经理，若不亲自盯业务，很多事情是做不到位的，久而久之，整个餐厅的运营就会出问题。所以大董企业有个微信群，叫"不做甩手掌柜群"，要求的就是事无巨细，餐厅经理一概要过问，一概要负责。

大董的餐厅经理们，周六没有一个人提出要休息，逐渐就形成了企业文化，没有特殊情况，餐厅经理周六不休息。在管理岗位上工作得越久，就越能察觉体会到，越忙的时候餐厅经理们越应该坚守岗位。因为周六上客非常早，有时候上午10点就有客人来了，直到下午4点都一直有人用餐，这时候晚餐的客人又陆续到了。直到晚餐结束，一整天的工作节奏快、任务重，餐厅经理就必须在现场处理事务。在周末和节假日，家庭用餐也比较多，容易出现各种问题，比如老人和小孩的安全、老人对服务的要求、客人用餐的情感需求等，都要照顾到。

还有，我们要认识到另外一点，就是如果是家庭聚餐，那么客人肯定是把自己最重要的日子放在这里，比如老人祝寿、结婚纪念日、满月宴等，客人通常只有周末和节假日才有时间全家一起出门用餐。对我们来说，貌似是简单的一餐饭，但对客人来说，就是人生最值得纪念的日子。客人选择了我们，我们就一定要努力做好，自我牺牲休息日，能换来客人的信任和忠诚度。

这么多年，大董的餐厅经理们主动放弃了周六的休息，并且365天每天24小时保证手机时刻开机，电话一响，哪怕在半夜也得起来处理业务，这只有靠强大的内驱力，靠对企业的责任心才能做到。

谁都想在周六休息，正因此，经理要有牺牲自我的精神，照顾最需要休息的员工或别人，形成一种为集体、为他人、为自己着想的企业文化和企业精神。

但是，管理是需要人性化的，尽管餐厅经理们自愿周六不休息，但内心总还是希望有自己的时间。作为企业管理者，也应该让员工周末有时间陪伴家人，那么餐厅经理们的休息日可以选在周日。虽然周日中午比较忙，但因为第二天是工作日，晚上相对来说会稍微轻松一点。

员

工

没有 KPI 的企业

大董没有"KPI",也就是说大董从不给餐厅经理设指标。绩效指标是一把双刃剑,有了绩效指标,确实员工会更加努力地去向客人推销,但是推销是有技巧的,灵活地运用是艺术,即推销最大化,既让客人满意,让客人多花钱,又让客人觉得超值。如果没有这个技巧或者说这种能力,销售额越高,反而越伤害客人。

大董餐厅的菜单,设计了例、中、大份,以及盘和位吃的规格,目的是为了给客人省钱,可以按照用餐人数和需求来控制点菜量。如果客人来大董餐厅吃饭，只想花 2000 块钱，那我们的指导原则是可以安排超过 2000 元的菜品，但不能让客人支付超过 2000 元，不让客人多花一块钱。但是如果有了绩效考核，客人想花 5000 元，餐厅经理就会想尽办法让客人花 6000 元，你若想花 6000 元，我则会让你花 1 万元，这样做会伤客。客人可能一次来，两次来，第三次就不来了。餐厅经理没有办法在有绩效指标的压力下还能够为客人着想。

所以这么多年来，大董企业没有绩效指标，每天有多少销售额都可以，只要用心。这样的企业文化，反而让经理们不会因为没有考核指标而懈怠，相反，他们会更用心地为客人推荐好吃的菜品，贴心地安排菜单，设计每一个服务环节等。

如果说餐厅销售业绩不好，经理会比任何人都着急，因为大董每天各品牌各店的销售业绩都会发在业务群里，每家店都在竞争，经理们暗地里较劲儿。两家餐厅，同样大小的店面，他卖了 10 万元，你才卖了 6 万元，看到数字，内心就会有比较，觉得自己还应该更努力。没有绩效考核的企业文化反而让经理们有了更强的自尊心，形成了非常良性的竞争氛围。

这么多年来大董一直不做加盟店的原因，是因为加盟店唯一的驱动力是在加盟期内实现利润最大化，KPI 是伤害品牌美誉度的唯一利刃。

品牌需要长久经营发展，绩效指标用不好的话，对品牌的伤害太大，这是第一个原因。

第二个原因是，餐厅经理的销售业绩好不好，除了本身的能力之外，也和店面的地理位置有很大关系。有些餐厅业绩不佳不是因为经理能力不够，而是整个公司战略选址造成的。有些店不在市中心或繁华位置，要是设立了硬性的绩效指标，那就不太公平了。所以如果没有一个更科学、从更多维度进行数据评测的系统，大董不会设立这个绩效指标。

大董的团队总是充满特别多的正能量，不比店大店小，只比谁的贡献大，只重个人价值的体现。大董管理层的经理们没有绩效指标，也很好地防止了互相争斗互相攀比的心理，大家都是非常单纯地进行团队协作，努力把销售额做上去。

大董从一开始就没有销售部门，没有销售经理，客人来吃饭，不会有人一直不停地推销办卡。如果客人问能否办一张10万元的卡，我们当然也是可以办的，但是绝对不允许经理主动去推销。办卡是为了让客人能享受到更优惠的价格和更多权益，是性价比更高，不是为了自己获得提成而去向客人兜售，这不是我们的风格。

员

工

用对工具，加快效率

大董懂你

我有一部某品牌的手机，用了大概有几年，一直没有换过。不是因为这部手机有多么好，而是因为手机配套了一支笔，可以在屏幕上写写画画，对经理的工作汇报、财务表格的批注、合同的审批等很是方便，不需要截屏，不需要打字，感觉非常友好。

很多时候，尤其在不是面对面沟通时，用语言说不清楚的事情用笔来标画一下，就能直观地去表达。布置工作时，也能让下属理解得更准确，所以这部手机是提高工作效率的工具，没有它不行。

做餐饮，我要求各品牌、各经营店每天都要做经营汇报、销售分析、客户用餐分析、好评差评分析等，以实时了解客人的用餐情况、餐厅的经营情况以及员工动态。企业内部有一个模板，每个经理在汇报的时候都依照这个模板来写，每周写两次，还有每天做即时汇报，所以会有很多的文件需要审批，工作量不小，因此这部能用笔在屏幕上写字的手机就提供了很大的帮助。

这么详细的工作汇报，是大部分餐厅所没有的。一般餐厅的经营者可能更多的是了解经营状况，而我则要第一时间了解一线经理们的服务和临场出现的问题，包括客人到餐厅以后点菜的情况。比如今天有一桌重要客人，经理会汇报客人都点了什么菜，会通过手机发过来，有时需要调整菜品，需要赠送额外的菜，我就会在手机上直接修改批复，非常便捷，这也是为什么我这么多年不换手机的原因。

如果客人点完菜以后，再把信息录入到电脑，或在手机上输入文字或发语音，就会耽误时间，因为此时服务员已经在按流程上菜。我们要追求速度，比如说今天这桌VIP客人没点海参，我就会赠送他们一盘伙食海参，需要及时将信息传递给在一线的经理，这是一个经营上的模式，要让我们的老客人有尊贵的体验，前端和后台的信息交互就要非常畅通和迅速。

现在这部可以写字的手机已经退居二线，取而代之的是一个屏幕更大且可以翻开的手机，更方便浏览图片和表格。好工具永远都是为经营服务的。

我举手机这个例子是想说明在餐厅经营中，人的作用很重要，如何才能不可替代呢？

如何实现全员管理提升、运营提升是关键，餐饮行业因其运营模式决定了它很难做到充分标准化、工厂化的管理。传统餐饮业的标准化很低，酒楼运营靠的是个人素质。

产品要迭代，人员要迭代，很显然仅靠个别的高素质人员显然不行。高素质和高品位需要全员都具备，哪怕是服务员和保洁人员都要相匹配，对产品的认识要有一致性，对产品要有非常透彻的理解，在与客人的交流中要能表达出来。

借助先进的管理工具和管理软件，运营什么，就开发什么软件；软件是什么，就学习什么；学习什么，就用什么。以管理思想和运营模式为核心，使高科技工具为经营服务。

一个餐厅经理，其工作内容涉及客户预定系统、运营系统、服务系统、库房管理系统、人力资源系统、安全生产系统，细化起来，有百项之多。如何在很短的时间内培养出这样的餐厅经理？若用传统方法，没有5年是不行的，即使这样，管理数据的获得也都是很模糊的，具体应用起来仍不知道如何下手。

大董在企业内部实施数字化运营管理系统，各项工作都生成模板。比如说安全生产这一项，要求非常细，灭火器是否到期、消防设备检查等，用人工或者汇报的方式仍会出现疏漏。用管理系统来管理，则不需要个人思考，让电脑来提示，公司管理的效率就提高了。

不管是总经理,还是业务经理,都要做到不可替代。没有你,餐厅就失去了活力,客人为你而来,员工因你而快乐,这便是领导的作用。作为基层员工,如果没有你,这件事便干得不周到,你就是专业的。

我们企业培训中有一堂课,就是讲不可或缺、不可替代。尤其是责任、激情和忠诚:责任就是做到,激情就是做好,忠诚就是坚持做。要在专业上不断积累,我们特别提倡员工都成长为专家型的员工,成为岗位不可或缺的人,要做到没你就是不行!

王世襄先生给我的启示

当我还在团结湖烤鸭店当经理的时候,有一年王世襄先生来吃饭,我一看到他老人家来了,非常激动,那时候年轻气盛,就特别想去表现一下自己。好不容易等到上了烤鸭,我就走过去,一个劲儿地介绍起来,这个烤鸭有多好,含油量有多低,然后第一种吃法是什么,第二种吃法是什么,第三种又是什么……还没有说完第二种吃法,王世襄老先生看着我说:"年轻人,等我先把这口吃完你再说……"

就这么一个瞬间,让我顿悟:服务要适度,既不能没有热情,

也不能过度热情。客人用餐是一种私人的情境，作为餐厅经理，可以关切性地过去打个招呼，如果客人愿意跟你聊两句，你就多聊两句；如果客人不愿意聊，或者正在谈事，那你就要退出来；客人在忙的时候，甚至连招呼都可以不打，点个头示意即可。

这就是餐厅经理在为客人服务时的一个最基础的要求，叫作"无打扰式服务"，当然这要根据实际情况来灵活调整。不同的人、不同的用餐需求，时刻考验经理们临场反应的能力。比如老人来用餐，或者祝寿的场合，就可能需要热闹，把菜做好的同时，经理也适合多过来照顾，比如多打招呼或送道菜送个寿桃，唱个生日歌，把气氛活跃起来，让老人开心，全家人开心。

某些商务宴请的场合，双方在谈事，这时候你只需要安静地上菜，用最简短的话介绍完，就可以退出了。如果是重要的客人，他希望在商务伙伴面前有面子，那么我们就会安排赠送菜品，比如海参、鲍鱼或者东星斑，这时候上完菜就走也不妥当，那就需要经理有技巧地介绍，用最短的语句把菜品说明白，把餐厅特意送菜的缘由说明白，让客人感受到尊贵对待。

所以我们在对餐厅经理和服务人员的培训中，会强调"看准时机"的概念，比如情侣用餐，就不好过多打扰，但也不能太不热情；比如酒局客人，就需要经理去敬两杯酒，多安排适合下酒的菜。服务人员要在日常工作中去总结，慢慢积累临场经验。

我从王世襄老先生身上顿悟出这个道理，有些场合需要你提供热情似火的服务，让对方觉得一次难忘，有些场合则需要你收敛表达的欲望，点到为止。所以我们要求经理们在工作中分清不同的消费类型，做好规划，这一桌需要你服务好就行，另一桌需要你去敬几杯酒，那一桌需要大厨出个面，还有一桌需要送道菜，都要根据不同场合、不同客人去安排。

在众多的工作中，和人打交道的工作最难，餐饮工作就是其中之一。但是只要掌握好"适度"的原则，理解客人的心理需求，那么所有类型的客人都将会得到他们所期待的服务。

员

工

我请客时,要给店长留位置

我安排宴请,除非有特别事要谈,都会要求店长一起参加。让店长一起入座,想通过一起吃这顿饭,达到多个目的。

第一,店长能从顾客的角度去体验,去感受整体菜品的呈现,品尝菜品的味道是否达到标准。

平时工作中,员工们只能看到每道菜上桌时的呈现,但如果不以客人的角度坐下来亲自尝一尝,是很难感受到菜品整体味道的,更难以了解服务的细致程度、客人用餐氛围的走向以及临场反馈。只有让店长参与宴请,才能有切身体会。今后店长给员工培训的时候，或者在他今后的管理工作中，就会更有说服力。

尤其店长们工作的时间久了，思维就容易固化，而从客人角度去看问题，会培养换位思考的能力。所以我只要有宴请，都让店长们尽可能参与，这种观察学习的机会非常有助于职业提升。

第二，我宴请的客人都是来自各行各业的精英人士，有艺术家、导演、金融人士、医生、美食家、律师、教育家等。让店长参与宴请，能够接触到优秀的客人，与社会各界的专业人士交流，打破固有的餐饮思维，扩大眼界，提高修养，这就是"耳学"。我们不一定有大块的时间和精力去读书，去"眼学"，所以要多听别人的观点和说法。一顿饭如果有一句话对你有启发，那这顿饭就没白吃。

一方面能提高交际能力。因为与人交流是一门大学问，说话就是艺术，况且餐饮行业是直接与人打交道的行业。现在市面上有很多书在教人如何说话，社交礼仪中也有传授如何与人沟通的技巧，这些都需要通过实践去体会。

宴请就是最好的学习机会，可以学会如何制造话题、带动气氛、掌握说话的节奏、找到合适的时机向客人介绍菜品、做到让客人舒服的餐厅推广等。另一方面，通过餐厅这个好平台，多认识社会各界的人士，就等于拥有更广的人脉，也会给工作增添便利。

从行业特点说,店长是一家餐厅的主导,是核心人物。他的气质、知识和涵养,都需要和客人相匹配。这就要求店长是一个对生活品质有追求的人,如同一位杂家,有关生活之美的一切都要有所涉猎,知识结构一定是立体的。这种综合素养决定了与客人交流的品质高度,也代表了餐厅的品牌形象。只有交流过程得到客人认可,才会让客人感到被信任,从而提高顾客的忠诚度和回头率。

术业有专攻,但同时我要求自己和店长都要保持大且杂的阅读量,时事新闻、古今中外,只要值得读的书都要尽可能地去阅览,如此才能保持知识的饱满,与时代同步。记得当年我还在团结湖烤鸭店当经理时,有一天华罗庚先生的公子来店里用餐,我们聊起华先生除了数学造诣很高之外,还精通文学。我尤其提到华先生去国外出差的路上自己出上联"三强韩赵魏",当时竟然无人应对,最后还是华先生自己对出了"九章勾股弦"的轶事。那次交流让华先生的公子非常惊讶,从而生出知己的感受,简短几句话即获得了对方的认可。

举这个简单的例子,就是为了说明当一个合格的餐厅经理(店长),除了要专注于餐厅日常运营之外,更需要不断地拓宽自身的知识面,才能与客人交流对话。这也是我宴客时要店长参与的原因。

员

工

每一个大董人都要懂得美

生活美学，无处不在，大董提出了"美，看得见的竞争力"的理念，就是源于这么多年来的经营心得。这就要求我们的全体员工都要具备审美能力，我们也有很多关于美学的培训，来提高员工对美的鉴赏能力。

比如餐厅的插花，大董所有餐厅的插花都非常有意境，都是员工自己设计的，不假手第三方公司。原因有三：第一，可以降低成本；第二，因为只有我们才最了解自己想要的风格；第三，通过每天插花，员工的审美能力将会大大提高，这能帮助他们在各个领域更好地开展工作，提升自己的气质。

　　大董的菜品讲究不时不食，插花同样要体现季节。让客人在进入餐厅的瞬间，能感受到勃勃生机，身在室内也能体会到与大自然的连接。春天时，我们会带员工到郊外的山里，去收村民不要了的桃枝，其实这些桃枝非常漂亮，有些有花苞，有些已经开了花，采一大车回来，就可以做餐厅的插花。桃枝有天然的形态，每一枝都独特、生动。梨花开时，餐厅的花艺全都会换上粉白的梨花，带枝的梨花花期很长，可以装饰很久，花开时，花瓣会簌簌飘落，是另一种意境，很动人。

　　秋天时插相思豆，一枝一枝，有些枝条上密密麻麻地布满了红豆，有些则比较稀疏，花期到了，大家就坐在一起剪枝，这枝去掉，那枝剪短点，互相评论这枝剪得怎么样，那枝还要怎么修改，这是员工之间的相互提升。剪枝后先做花枝的长短搭配，再和花瓶搭配，几经设计后，摆放在白墙前就有了画中的样子，有留白，有重点。

　　服务员们从插花开始进行关于美的学习，花瓶的高度、花瓶以外花的高度，都有细节的讲究。通常来说，瓶外花的高度需是瓶子的两倍，这个比例让人看着最舒服。当然，这并不是一个死板的规定，大家通过不断的尝试和调整，找到最合适的方案。

　　除了插花，我们还学习色彩，大董美食学院开设了烹饪色彩学课程，教授菜品的色彩搭配、四季不同色彩运用、宴会整体视觉设计等。

摄影对审美的提高也是非常有帮助的。我们的厨师出去采风,都是人手一台相机,记录的同时也学习构图,学习色彩搭配。对中高层的管理人员,公司还支持他们去进修,主要是读MBA课程,以提高自身修养和专业素质。

我们在各个方面为员工提供学习的机会,不管是插花、摄影,还是色彩学、管理学,能让员工的能力得到提高,对个人、对企业都是一件非常正面的事情。

员

工

经理的办公室在业务台

业务台,通常是餐厅接电话作预订的地方,大董餐厅的业务台都设在餐厅入口处,既能看到每一位进来的客人,也能照顾到每一位等位的客人。很早以前,餐厅经理们也有办公室,后来发现这样做会脱离一线管理,便要求他们都到门口的业务台工作。在过去,典当行里要是没有一个懂行的掌柜,就有可能算不清楚账,有可能物件收得贵了,也有可能出货便宜了,还有可能收到假货,所以就要有个好掌柜在前面盯着,看这个东西值多少钱,是不是真品,能不能收,收了以后能不能涨价,能不能赚钱。

我们也一样，要求各位经理亲力亲为，店里大小事情都要一手掌握，要和掌柜一样在第一线待着，能够看到每天进出的客人，知道每天预订的数量，了解客人的要求，过目菜单的安排……所有这些事都要亲自去做。看上去细微而琐碎，却是餐厅每天最重要的工作，不是安排两个服务员来处理就可以的。所以，我们餐厅经理的工作微信群，就叫"不做甩手掌柜群"。

我们有一些大店，经常会有大型活动的负责人来咨询，如果这时候经理不在，很有可能就错过接单的机会。因为普通服务员在应对客人和对外介绍方面，跟店面经理的经验还是有很大差别的。经理最了解全店状况，在一些事情上有决定权，在应答客人的问题时，可以站在更高的层面去沟通，把生意做成。

接了预订之后，又会面临其他问题，比如说客人的人均消费价格达不到你的预期，那么该通过怎样的沟通，能够让客人符合你的价格标准，同时又让客人觉得性价比高，虽然多花了些钱，但是性价比更高了，实际上还是便宜了，这其中都有很多技巧。但如果经理不在业务台，或甩手让服务员去沟通，客人没有信任感，失去心理依赖，餐厅的经营会受到影响，这就是为什么我们要求经理们必须在业务台坚守，不能每天来了就在办公室里喝茶。

餐饮行业本身就是"勤行"，你不去努力，不去认识客人，不去维护好这些关系，生意就不会红火。除了应对客人，还有很多责任都需要经理担当起来，比如说今天食药监的人来检查，明天税务局的人来，后天消防部门的人来了，经理在不在一线接待，效果也是不一样的。

业务台就是一家餐厅的心脏，别看入口处一个小小的接待台，其实是一家店的心脏，一定要有经理守候，忙的时候来回招呼客人，不忙时就要回到业务台，在这个过程中，迎来送往，谁来谁走，都要看得见。

员

工

家鸡打得团团转，野鸡不打满天飞

有一句民谚："家鸡打得团团转，野鸡不打满天飞。"意思是说：自己家养的鸡，不管怎么哄、赶、打，可能嘎嘎地打跑了，过一会儿还会踱着步慢悠悠地遛达回来。而野鸡则是趴在你家墙头，看看院子里有没有能吃的食物或者要配对的鸡，没有，就嘎嘎地走了。这个故事说的是团队建设。餐饮行业是高频流动性的行业，人员来来去去已是常态，尽管如此，大董的核心团队却是几十年如一日，稳如磐石。不是我们的员工不够优秀没有人来"挖"，管理层的员工几乎天天接到电话，对方直接开出高一倍的薪水，但他们绝对不假思索地果断拒绝，连动摇的念头都不会有。很多人都想知道这是为什么，那么我就来说说大董团队稳定背后的原因。

第一，师徒之情

以前，从事餐饮业的员工大多都是从外地来的，到了北京，企业就是他们唯一的依靠。此时，老板就不仅是老板，而是成为了"企业＋家庭＋领导＋兄长"的角色，多照顾员工的情绪，体恤他们的困难。有能吃苦、勤快、肯学的人才，就要挖掘他们的潜能。

大董企业还是延续了餐饮行业传统的师徒制，我一共收了九个徒弟，言传身教，根据自身特长，送他们读书深造。有些虽然是厨师，但要学习经营管理，有些虽然是中式点心师傅，但要送去蓝带美食学院学习西式甜品。这个过程我从不用一纸合约来捆绑，无怨无悔付出，不求回报，就是为了让那些肯学、上进的员工，能受到教育和培养，不埋没才华。

现在这些徒弟们都已经成长为行业内技术数一数二的人才，每一个出去都能顶半边天，但是他们却没有一个离开大董，我认为除了师徒之情外，更多的是对企业有归属感。在这里，他们有付出，有收获，有情感，企业也有着非常浓厚的大家庭氛围。

我很珍惜徒弟们，因此从不滥收徒。外面有很多人想来拜师，但我有我的标准。收徒弟，首先我要有所教，得对他们负责任，同时也要看人的品性，如果只想挂个名成为大董的徒弟，那就大可不必，我不需要逢年过节多一个徒弟送我礼品。

第二，激励机制

尽管有师徒之情，但光谈感情是留不住人的。员工付出了努力，总是希望得到老板的认同，得到相应的回报，除了精神上的认可，也要在物质上得到满足。作为企业管理者，一定要清晰地认识到，每个人出来工作，除了实现社会价值，更重要的是为了赚钱。要是只讲感情不给钱，徒弟们可能会念在师徒之情帮你一阵子，但不出几个月，全得走光。

大董企业从来都是及时认可员工的成绩，并制定不同的激励体制，包括不同人有不同的奖励，同一个人在不同的阶段有不同的奖励。只有这样，才能让员工有希望、有动力，看到努力工作后是有回报的，这能驱动着我们进步。在明确的激励机制下，员工们很清楚自己在职业道路上的方向，这就会带给大家安全感和稳定感，在被"挖"的时候，就能分辨什么是长久的，什么是短暂的，从而做出选择。

第三，上升空间

大家只看到品牌要创新才有生命力，并没有看到只有品牌创新，员工才有上升空间。不然在一家店里做到"店总"后，职业生涯再往上要怎么走？店总下面的员工还有没有希望走得更远？所以大董企业内部会有技能比赛，比如厨艺比赛、服务比赛等，以选拔人才，做好管理人员的储备工作。随着大董品牌的扩展，从横向来说餐厅越开越多，纵向来看，则是品牌的垂直，从高端到大众涵盖广阔，我们储备的人才就有了用武之地，员工们也有了奋斗的目标。店总升级为区域总，副店总升级为店总，以此类推，只要踏实肯干，在大董总有属于自己的一片天地。

有感情，但不能感情用事

大董强调要以真情实感去服务客人，专业、理性地对待客人的要求，摆正自己的位置，保持好距离。

哪怕经常听到客人说"与某经理关系特别好，就像朋友一样"的话，也要知道这仅仅说明自己在工作上得到了客人的信任，并不是真正意义上与顾客变成朋友。作为餐饮专业人士，必须要有这样的自省。

贴心服务客人的同时，我们必须尽可能地避免对任何一位客人有偏颇，一旦员工越过了和顾客的关系界限，小则影响工作，大则会对品牌形象造成伤害。

有一次，我们的餐厅经理不小心把某客人的宴请时间和另外一场宴会的时间地点安排重复了。两边的客人，经理都认识，平日里关系都不错，觉得一定可以理解和沟通，就给他们打电话，可是结果并不是想象的那样，双方都不愿意做让步调整，虽然最后妥善解决了，但过程非常被动。

这是个深刻的教训，我告诫员工，和客人的关系是博弈，虽然听着有些刺耳，但事实如此。你认为和顾客的关系不错，可以协商宴请的时间，但客人可能就是要求一顿饭的体验，就是要在这个特定的时间做这件事情，这跟你和他的感情好不好没有关系，一定不要有可以和顾客用感情去处理事情的错觉。每一方客人都会认为作为餐厅的熟客，都要受到优待，期待的是餐厅能妥善安排。服务行业的专业性，要求我们给出理智的处理结果，同时又要照顾到客人的情绪。

客人对餐厅的期待，永远是要感觉被尊重被优待，尤其是餐厅的熟客，稍有不慎就会被伤害到，对品牌的口碑也会造成负面影响。所以我经常对员工们说，越熟悉的客人越要谨慎对待，如履薄冰，如临深渊。

客人因为愉快的用餐体验，积淀了对大董品牌的信任，关系再好的朋友，来到店里吃饭，这一刻，他就是客人，你不能再把他当成朋友看待。该怎么服务怎么接待，不能因为是朋友，就可以先忙别的，觉得是朋友，怠慢一些也没关系，这种想法是极其错误和不专业的。

　　我经常对员工引用京剧《沙家浜》第四场《智斗》里阿庆嫂的一段唱词："垒起七星灶，铜壶煮三江。摆开八仙桌，招待十六方。来的都是客，全凭嘴一张。相逢开口笑，过后不思量。人一走，茶就凉。有什么周详不周详！"这段话，特别精准地给出了服务行业从业者的自我定位：与客人之间，需要有分寸的感情。

　　和顾客要保持一定的距离，分寸的拿捏，需要在实际工作中积累。不能过于近，也要防止远，谦逊而不卑微，亲和而不亲密。这是多年来对客户关系的一个总结。远与近，已经上升到哲学范畴，其实不仅是与客人，同事间、朋友间、亲人间相处也是如此，不远不近，中正至和。

员

工

莫夫

05

HOSPITALITY

客人

一杯红酒,让等待充满了期待

为等位区的客人免费提供红酒,从我们第一家店——团结湖烤鸭店开始便成为了传统。也就是说,在20世纪90年代初,大董餐厅就有了让客人体验更多细节服务的意识。

当时人们的平均工资大概是每月几十元,在那个年代,团结湖烤鸭店的人均消费额就已经达到十几元,吃一顿饭要花掉将近半个月的工资。所以,客人们来用餐都非常隆重,在那个出门用餐还不是很普遍的年代,很多人为了这样的场合,专门穿着西装打着领带来。我们就反思,既然客人们这么尊重餐厅,对用餐体验一定特别重视,那么我们对每个服务细节就更要有周全考虑。

团结湖烤鸭店地处北京三里屯使馆区,经常有很多不同国家的外交人员来用餐,这时候大董就是代表中国餐饮的一张名片。来用餐的客人身着雅致装束,我们也想为餐厅的环境打造一份优雅宁静,希望每个细节都体现出品质感。

为了增加客人在等位期间的舒适度,我们特意在前厅等位区安排了干白、干红葡萄酒,以及无酒精的特调饮料。记得当时选的是一款西班牙红酒,品质非常不错。特调饮料讲究的是真材实料,绝不是外购浓缩产品再重新勾兑,并且会应季节而变化。夏天,饮料是冰镇的,可以让客人消暑解渴,冬天则注重温暖滋润,比如红枣桂圆茶,这样浓浓的一杯茶,会带给客人一缕温暖。

虽然这些酒水会让餐厅的经营成本增加不少,却能舒缓客人等位时的焦虑情绪,也使等位更优雅。对大董来说,用餐体验并不是从客人落座后才开始,在客人步入餐厅的那一刻,就已经身在其中了。

大董餐厅每天都排队,人多了,排队时间久了,难免会焦躁,这时候喝一杯红酒聊聊天,就可以让客人在交流的氛围中舒缓心情,还会对即将到来的美食有所期盼。从经营的角度来说,这是等位服务的一种最高表现。

等位区是餐厅最关键的一个区域,好餐厅都会特别重视这

客人

个给客人留下第一印象的地方。安排在大董餐厅门口的领位员，一定是形象佳、情商高、服务最优秀的同事。

以前在团结湖店负责为客人拉门的老爷爷特别有亲和力，加上会说英文，客人在等位的时候愿意和他聊天。老爷爷会和客人聊聊餐厅和特色菜品，经过他的介绍，一些关注度不高但又好吃的菜品就能被客人发现，人均消费额能从十几元升至三十多元，虽然只是拉门的老爷爷，却成了店里最厉害的销售人员。到现在还有很多老客人会问："之前拉门的老爷爷还在吗？"做服务做到这个程度，我认为是极致。

当时，要到大董餐厅当服务员是很难的事，餐厅经理必须亲自面试，直至现在，我们对服务员素质的要求依然只升不减。大董，永远都把客人的美好体验放在第一位去考虑，服务永远走在前面。

客

人

面子这碗饭,最好吃

人生有三碗面要吃:情面、场面、脸面,总称就是"面子"。心理学说的是心理,其实表现在面子上。

要把餐厅生意做好,需要深谙顾客心理学,懂面子。

所谓得人心者得天下,餐厅服务的对象是人,获得了人心,就成功了一半。培养共情能力,学会换位思考,懂得从对方的角度出发,照顾到客人的情绪(面子),就能获得客人的心。

我们会关注客人来大董用餐的主题,比如带家人长辈来吃饭,餐厅经理在服务前一定会先问候长辈,因为不管是谁,请长辈吃饭一定是想让他们开心,那么我们就会先照顾他们,并向长辈说明,今天所有的菜品都是按照晚辈的心意为您准备的,整个环境都是按照您喜欢的风格布置的,我们特意为您准备了生日蛋糕,额外再赠送一些特色菜……照顾好了作为主角的长辈,客人宴请的心理需求也将得到满足,大董服务的价值感才能体现,也会让客人感受到这顿宴请的高性价比。当服务能使客人产生如此想法,就会增加他们对餐厅的忠诚度。

记得中国著名乐评人郝舫老师有一次特别的宴请,宴请对象是他人生中非常重要的两位老人。那是一对年近80的夫妇,由于平时住在国外,难得回国,加上宴会当天正巧是老夫人的生日,就提前十多天和大董订位,开始设计菜单。

在确认了宴请的菜品之后,我们设计了中英文双语菜单,并写上生日快乐的祝福语,桌上也布置好了鲜花。客人一到,先呈现的是特别设计的寿桃,大寿桃居中,外边围了一圈写有寿星年龄数字的小寿桃,比如客人是80岁生日,我们就捏了80个小桃子,围在大寿桃外,立刻将宴会的气氛营造出来。

每道菜品都由餐厅经理特别介绍,将郝舫老师为宴席所做的设计和花的心思告诉客人,从主题策划、菜品挑选到配酒,让每道菜的口味特点和背后的心意都让客人知悉,到最后再呈上一碗滋味浓郁的龙虾汤寿面,使客人在整场宴席中都感受到细节和用心。即便当中有很多细节实际上都是大董团队的构想,但我们永远都会把这些安排归功于宴请方,让客人感受到宴请人的用心。毕竟出于礼貌，宴请者是没法过多地强调自己是如何花了心思的，然而通过餐厅间接表述出来，就更能被客人接受，这个时候我们就是客人之间情感的传递者，这是一种难能可贵的信任。

餐饮业看起来门槛很低，实际上从业要求却很高，菜要做好，服务要周到，更要帮助客人去传递情感，无论是商务宴请还是家人聚餐，一次美好用餐体验的背后，餐厅要为客人提供更多的功能。

对餐厅来说，每天都有很多宴请，然而对客人来讲，却是特别的一次。如果有了美好的用餐体验，就一定会赢得客人的心。

客人的真心，需要有一个媒介去传达。我们要明确客人宴请的目的是什么，是为了被请的人觉得温馨、幸福、有面子。作为服务人员，就必须让在场的人能感受到这些，才能达到客人请客的目的。

选择我们，不仅是为了吃得舒服，也愿意获得情感的满足。这是一种超出工作范围的用心服务，能帮助餐厅积累很多优质客户。

客人

大董的亲人们

开餐厅,要是光想着怎么挣钱,那这件事就永远都做不成。这个道理适用于世界上所有事情。

不论是请客吃饭,还是跟别人合作,千万不要想着如何从对方身上去获得什么,不要想着通过这顿饭就立刻能得到什么,也不要想我对这个人好是为了要达到什么目的。就是说,你不要总想着做成一单生意,纯粹就为了赚钱。如果大董这么多年光想着赚钱的话,"大董"这个品牌可能早就不存在了。

从十多年前开始举办一年四季的品鉴会,到现在的二十四节气品鉴会，大董从来没有卖过票。现在业内有很多相似的品鉴晚宴，最低票价都已经卖到了 3000 元 / 位，但我们办了十多年品鉴会，嘉宾人数从 50 人到 100 人，再到 200 人，最多的时候有 300 人，都是 VIP 客人邀请制。

假设每场品鉴会的规模为 100 人，我们就会根据餐厅的真实消费数据，对排名前 50 位的客人进行邀请，剩下的 50 人，我们会邀请 30 位各行业的精英人士，剩下 20 位邀请的是有影响力的媒体人士。我们也会专门额外安排座位给大董餐厅的忠实粉丝，在每个传统节气里，请大家到大董餐厅聚会，这些活动都是回馈大家对品牌的支持，从未想过要卖一张票。

既然是代表大董品牌的品鉴会，自然会用最优质的食材、顶级的酒水、最适合的场地，用心地去策划，务求宾主尽欢。正因为这样的用心，感动了客人，慢慢地，客人的口碑传播成了大董餐厅最优质的宣传途径。

做餐饮靠的是口碑，靠的是一传十、十传百，也就是现在所谓的"裂变"，被正面传播开来。品鉴会也成为餐饮业内外人士都想来参加却一席难求的稀缺活动。尽管这样，我们依旧坚持不卖票、非盈利，只用来招待 VIP 客人。

大董与人交往的一个宗旨，就是不以利益为目的，不去想"得到"，不刻意讨好客人，只需要尊重，保持单纯关系，真诚以待，这也是大董的企业文化。以至于有一些十几年一直来吃饭的客人，彼此超越了餐厅与客人的情感。比如有一位认识

客人

十多年的客人，忽然有一天父亲重病，想让我们帮忙介绍一下熟悉的医院，我们就帮她联系好了医院。事情本该到这里就结束了，但过了几天，我让员工又转了一笔钱过去，这个时候过多地去关注病人和家属并不是他们需要的，他们的内心已经很受煎熬和痛苦，但经济上的支持一定会需要，虽然他们并不缺钱，但这是大董企业的一个心意。

多年前在云南，我们认识了当地的一位学生，学习成绩非常优秀，但家境贫寒，我们就资助他上大学，还是坚持一贯的不去想利益、不去想得到的宗旨，就是因为他有学习能力和远大的志向而帮助他，从未想过回报。现在这位年轻人已经学成毕业，他在家乡成立了一间博物馆并担任馆长，为当地文化推广做了很大贡献。前几年，他带着妻子和孩子来北京看望大董，我们在餐厅盛情款待了他们，这是一段值得珍惜的缘分。

这也正是对大董企业文化中"关系单纯，真诚以待，到最后一定收获更多"最好的诠释。这个收获不一定是自己的小收获，而是整个社会的大收获。

客人

什么叫"让顾客满意"

菜好吃,是一家餐厅的竞争力,也是应有的本份。在餐饮业竞争激烈的当下,顾客的满意度还取决于是否物超所值,性价比高。

很多人说大董餐厅太贵,但是为什么贵还有这么多人排队呢?不应该是越便宜的东西排队的人越多吗?消费者都是精明的,市场不会说谎,排队说明餐厅还是"便宜","这个"便宜"不是指菜单金额的便宜,而是指"物超所值"。也就是说,我在你这里花 10 块钱买的东西比在别的地方花 10 块钱买的物品价值要高。

大董的菜的确不便宜，食材的进价、每道菜品的设计和用心程度等，从餐饮业横向对比来看都是最好的。我们坚持使用原产地的顶级食材，比如意大利的白松露、西班牙的火腿、中国兰州的九年百合、安徽问政山的冬笋等。制作上更不能省人工，小嫩豆每一粒都用手剥出，海参必须精心泡发，这都是大董在出品上的要求。这样的精益求精，让顾客感受到了花同样的价钱，却在大董获得了更健康和更有心的美味，这就是价格背后物超所值带来的惊喜，因此客人也会认为来大董吃饭很值，或者说比别的餐厅"便宜"。

按照常规的理解，今天菜品打6折或者菜品买一送一，餐厅才会排长队，但大董餐厅从来不打折，我们的客人也不会因为价格上的便宜而来。他们来，一定是为了大董的高品质和高性价比而来。性价比是一个比率，大董的便宜就便宜在这比率上，这是在价值上让客人满意。

我们在北京工体店做最后一场品鉴会的时候，邀请到一对夫妻，他们的婚宴就是在工体店举办的，一路走来，纪念日、孩子的满月酒等宴席都选择了大董餐厅，和工体店有着很深的缘分。当时特别巧，他们在大厅用餐时我正好走过，他俩就叫住我，问我是不是这里的经理，我说是啊，男士说我有事想咨询，您能介绍一下这家餐厅吗？这里能不能办婚礼，能容纳多少人，等等。我便详细地向他介绍了餐厅的情况和举办婚宴的几种形式，理想中婚礼的样式我们都可以帮客人达到。

客

人

女士说，因为自己是模特出身，朋友们也多是模特，想要一个时尚的、与众不同的婚宴，于是我们就推荐他们在草坪上办婚礼，室内做一场规模100人的长桌婚宴。婚礼当天，新娘的好朋友，一个在法国学习花艺的姑娘，为草坪做整体布置，打造了一个如同法国小镇那样既浪漫又简约的场地。室内的婚宴也是中西合璧，别出心裁使用长条桌，这是很多人不敢尝试的事，也没有先例。但客人对我们很信任，所有的菜品除了帝王蟹这样的大菜之外，其他都设计成位吃，服务员一配二，即一个服务员端两道菜，只服务两个人，这也是婚宴服务配置最高的一次。当天我们用心提供的菜品和服务，颠覆了在场的人对传统婚礼的想象，也令这对新人非常感动。

这对新人对大董这个品牌建立了极高的信任度和忠诚度，后来他们的纪念日、孩子满月宴，都选择了大董餐厅，尤其在太太怀孕的时候，大董团队还将海参饭、老鸡汤等送到家里。

这就是我们对客人的付出，对大董的客人，不是光靠菜品和用餐环境去维系的，而是用心的一个一个多方位地去维护，这样才能得到永远信赖你的朋友，才能让他们一直满意。

客

人

近者悦，远者也要来

子曰："近者说（悦），远者来。"——《论语·子路》

春秋时期，楚国大夫沈诸梁因封地于叶邑被称为叶公，孔子周游列国，来到楚国的叶邑，叶公向他请教怎样治理一个地方。孔子回答："近者悦，远者来。"，意思就是要先让境内的人民欢悦，那么远处的人也会慕名而来。

先贤哲语，放到今天的餐饮界，同样可以如此理解。如何让近者悦，远者来？也就是如何拴住商圈周边食客的胃和心？又如何让离得远的人为了吃你的菜，再费周折都想来？这其实是一个从不知道到知道，从知道到喜欢，再从喜欢到购买，从购买到经常买，从经常买到重复买，从重复买到推荐别人买，这样一个递进的关系。

这其中涉及了餐厅经营，甚至所有品牌经营的两个核心概念：一个是如何让已经来过的客人再来，这就是品牌的复购率，一家餐厅能经营得长久，靠的是回头客（复购率）。另一个是如何让更多的人认识品牌，产生消费，这就是拉新，即发展新的客户。复购和拉新，相辅相成，缺一不可。

其实大董企业在多年经营中，从来没有花钱去做过广告，来自电视台或网络等媒体的宣传，也都是主动找上门来的。那么如何让不知道你的人知晓你的存在呢？这就要靠口碑，而对口碑来说，既有好的口碑，也有差的口碑（都是流量）。如果你令一个人满意，他可能会对13个人说他喜欢这个品牌，如果你让一个人不满意，他可能会告诉13个人都不要来。大董餐厅的第一桌客人，就是餐厅开业后自己走进来的，吃得满意才会一传十、十传百，发展到今天每家大董餐厅都排队的局面。

所以我们一开始就从这个认知出发，在整个品牌的经营策略上，尽量做到让所有客人满意，这就叫作"近者悦"，就是让经常来的客人能够满意，他才能够用他的亲身体验去说服他身边的人来你这里消费。那么，客人这次来感到满意，如何做到让他们经常来，且经常满意，即所谓的回头客呢？除了周到的服务之外，性价比高是王道，还需要经常推出一些新菜品，让客人对你总是保持着新鲜感。

喜欢新事物是人的本性，遵循这样的心理，我们的四季品鉴会、二十四节气品鉴会、时令新菜、烤鸭升级，都是为了这个目标而来。

只有近者悦了，远者才会来。

客

人

客人要一个一个地维护

维护客人这件事不能偷懒,必须要一个一个地去维护。大董第一家餐厅的第一桌客人,就是门开着,自己走进来的。之后通过口碑积累,做到每家店都排队,这个过程中没有做过任何付费的市场推广。

客户的维系方式与品牌定位有紧密的关系,比如以"去服务化"为核心经营理念的小大董餐厅,只要将出品和环境做好就是成功,毕竟简餐的形式不需要店长每一桌客人都去结交认识,这样会导致客户维护的成本过高。

相比用餐时间短和翻台率高的餐厅，以商务宴请为主题的大董餐厅，就需要用心维护客户关系了，并且需要一个一个地去维护，这是经理们一定要做到的工作。当然客人的年龄不一样，社会身份与职业不同，维护沟通的方法也有差异，但必须要一对一地保持良好的关系。

因为大董的每一位客人看起来是一个点，背后却是一个面。这是有一次我宴请完医学界的客人后，在回家路上突然有的感慨，虽然当天晚上仅是 10 个人的宴会，但每个人都相谈甚欢，相处愉快。10 个人拥有愉悦的体验后，就会将这些美好传递给身边的人，所以别看客人是一个人，却完全可以由点到面地铺开来，因为他宴请的是一群人，我们一定要看到这一点。若是客人认可了大董品牌，就会分享给身边的人，会让他的领导、下属、朋友、家人，以及他要宴请的客人、要宴请他的客人等，都来这个品牌消费，那个时候，就不是他一个人了，已经从一个点开始裂变。

当大家在热议 KOC [①] 的时候，大董的每一位客人都已经是 KOC 了，他们有文化素养，是来自各界的精英人士，自然都是具有影响力的人。比如说李开复老师，他是大董忠实的客人，也是典型的 KOC，在选择餐厅的时候，便能够影响他的家人以及公司同事。邀请一些有话语权的人来吃饭，是一种无形的力量。著名小提琴家吕思清老师，同样会影响他音乐界的朋友，把自己的朋友介绍到大董来。

---

① KOC，即"Key Opinion Consumer"的缩写，意为关键意见消费者，指能影响自己的朋友、粉丝等产生消费行为的消费者。

这些客人要不是一个一个去维护，大董是很难在业界中产生影响力的。其实反过来说，如果我们不去维护的话，大董的KOC就很难发挥作用，有一些没有维护好的客人，他同样会通过负面传播，使你在他的朋友圈里消失，一旦离开，这些客人就很难再重新获取。

对客人的维系不能只停留在店里，而是要将关系线拉长，平常周期性地给客人发简短的问候信息，每逢过年过节，记得送小礼物表示心意，有了新产品，也要第一时间给客人送过去品尝。

维系不同维度的关系不能有功利的目的，而是要落实在真正的关注和服务上，尤其是新冠肺炎疫情期间大家不敢出门，大董餐厅几乎每天都为客人提供好菜品尝鲜，了解到客人出门难，餐厅员工就做好菜后上门送餐，有的是店长亲自送去，有的就让同事送。在客人有需要的时候，主动为他们提供服务，不功利最终会体现出大价值。

著名演员黄磊的父亲，有一年生日宴选择在大董餐厅。大董听说后，就邀请老人家每年的寿宴都选择大董，都由大董请客，黄老师听了之后特别感动。大董是一个有人情温度和内涵的品牌，我们不能将客人只定性在吃饭消费的层面，不来餐厅就断绝了联系。若是维护好了关系，客人的圈层就会成为餐厅资源丰富的平台，各种资源关系开始在餐厅交集共享起来。

所以无论从哪个角度来说，大董都要全力以赴地服务好每一位客人,全心全意为客人服务。因为你维护的不是单独的一位客人,而是在维护客人背后庞大的圈子。

萧大

POSTSCRIPT
后记

后记

我为什么不去领米其林奖

2020年11月28日,《米其林指南2020北京》正式发布,这也是米其林指南北京地区的首版榜单。在此版榜单中,一共有23家星级餐厅上榜,包括一星餐厅20家,二星餐厅2家,三星餐厅1家。其中,大董虽被评为米其林一星餐厅,但我并未出席颁奖礼。

北京是继上海、广州之后,第三座被《米其林指南》收录的中国内地城市。在榜单正式发布前,《米其林指南》于2020年11月18日提前公布了"必比登推介"的餐厅名单。

然而，对"必比登推介"的榜单，我是要痛批的。

"必比登推介"榜单共收录了 10 种风味美食，其中北京本土风格鲜明的美食如豆汁儿、爆肚、涮羊肉和烤鸭等，占了重要比例。

由于《米其林指南》是全世界公认的美食圣经，知名度和地位也是全球公认的，一旦被评上榜，中国的餐厅就会被全世界热爱美食的人所知，中国美食也会通过这个榜单传播到世界各地。因而，我认为，这会让国际社会以为中国老百姓的美食水平就是爆肚、下水和内脏，但这显然不是中国美食的主流和大雅。《米其林指南》应该更多关注、推广中国的精致高阶食物，以提升中国在全球范围的饮食文化形象。

2020 年 11 月 28 日，《米其林指南 2020 北京》于北京四季酒店正式发布。按照惯例，每宣布一家餐厅的名字，该餐厅代表就会上台领奖，与米其林评委等合影。然而，在揭晓的一星餐厅代表们都上台领奖后，接下来公布的两家大董餐厅，都没有代表上台领奖。

在此，我附上凤凰网美食频道的采访报道，用以说明。

以下内容节选自凤凰网美食频道：

对于评审结果，凤凰网美食频道记者第一时间联系了在《米其林指南 2020 北京》中两家店摘星的北京大董烤鸭店有限责任公司董事长、总经理，著名厨艺大师、美食评论家、美食作家董振祥（大董），采访了他对此版米其林榜单的看法。

大董：其实这个话题我之前在"必比登推介"发布的时候便已讲过。这次我有一句话要着重说——对上榜的餐厅我们要祝贺，毕竟它是一个有影响力的榜单。我们希望这些餐厅好的更好，不理想的能继续努力。

米其林指南作为一个有一百多年历史的榜单，不管它是片面的还是带有文化强势的，有影响力是件很正常的事情，但是说到底它只是一个榜单，这个榜单的问题是由中西方文化背景和意识形态不同所产生的。这种不同，造成了这个榜单中存在一种异邦的想象，看待中国总觉得是落后的。

尤其在文化这方面，我认为存在的巨大差异是不可调和的，这个不可调和意味着不可轻易评价。中西方文化的交融是几百年来的相互裹挟，就像水彩和油彩一样，并不能混合在一起，这就是中西方文化不可调和的地方。当然，也有能调和的领域，比如科学。但凡涉及意识形态的东西就会产生分歧，越主观，分歧也就越大。

记者：您方便透露大董两家店都拒绝领奖的原因吗？

大董：态度很鲜明，把我评低了，他们不了解我，所以不客观。

我在这些年都做了什么事呢？改造传统烤鸭，打造"酥不腻"烤鸭，从1.0版本更新到5.0版本，我认为我做的烤鸭是全世界最好的。纽约有一家米其林三星餐厅，他们的主厨亲自给我做过一次烤鸭，差距非常明显。除了烤鸭，我还精制了葱烧海参，并将1.0版本更新到2.0版本。同时，开创和创新了一系列新菜品，这些菜品是中餐新时代到来的标志，也影响了中国一大批青年厨师。

放眼全世界，厨师能够留下一道以自己名字命名的菜品已经是件了不得了的事，而大董能够创造出一大批这样的菜肴，这不仅是奇迹，更是天才的——众多米其林厨师不能比肩。

此外，我还倡导与实践四季菜系与二十四节气时令菜，倡导中西方烹饪文化交融，并利用西方艺术中的色彩、美术构图引领中国烹饪发展，开辟中国烹饪发展的道路。并且，我们已形成了独特艺术风格的流派，即大董中国意境菜。在此我要着重强调，大董中国意境菜并不属于四大菜系或八大菜系，我们只是一个流派，就像京剧中的派别一样，代表的是一种风格。我的风格就是很明确的意境菜——我用色、香、味、形、器、养、意这几个要素定义新中国菜，尤其倡导安全健康的烹饪理念。

大董意境菜具有完整的理论体系和菜品实践，能兼具这两点的只有大董，所以意境菜的概念能在烹饪历史上留下一笔。我太低调了不行，否则大家都不了解，要讲出来，才能客观地评价大董在中国烹饪历史中的作用。

当然，大董南新仓店店面大，百密一疏，经营和管理上存在一些瑕疵，被评为米其林一星对此我们是认可的。从某种意义上说，给一星也合理。

记者：您对现在中国本土化运营的餐厅榜单有什么期许吗？

大董：希望深谙中国文化，又有中国美食自信的人能把我们自己的美食榜单长此以往地做下去。《米其林指南》延续了120余年，我们仅做三五年是不可能超越别人的。影响力需要时间去积淀。

另外评价中餐应该有特殊的标准，首先应该精致——刀功精细，味道鲜美，这两点很重要。中餐的刀功是非常独特的，各种花刀，包括扬州菜里的文思豆腐、切鸡丝等，这些技艺是西餐不能比拟的，希望这个部分各大榜单也能读懂。

记者：您还有什么想补充分享给大家的吗？

大董：最后我想说的是，米其林三星餐厅有一个标准就是一生一定要去一次。我想，这些年来我们店就餐的各国领导、政要、精英人士等，都选择来大董，用访华时仅有的一点时间自发地来大董用餐，这就是他们用行为证明了米其林三星的评判标准，希望米其林指南评委也能看到这一点。

得到别人的认可很重要，得到自己的认可更重要。评奖评的是过去，但过去已经过去。我的心是面向未来的，我希望将来我能做得更好。

其实，只要是评选活动，都会引发争议，《米其林指南》也是如此，这实属正常。而且，它有自己的受众群，它为全球的旅游者来中国选择餐厅提供了一个参考——划重点：第一，有车一族（或有钱人）；第二，游客（给外地人的）。米其林餐厅的评选，走的也是国际化路线，是用外国人的标准来打分的，自然和我们中国人认为的好餐厅有出入。

不管怎么说，米其林指南榜单在全球依然具有巨大的影响力，能为上榜的中国餐厅带来更多的营收，因此，对米其林榜单，我们保持平常心便是。

黄大